Les ordres monastiques

DOM JACQUES DUBOIS

Moine bénédictin
de l'abbaye Sainte-Marie de Paris
Directeur d'études
à l'Ecole pratique des Hautes Etudes
4e section

Quatrième édition

23e mille

DU MÊME AUTEUR

Vie des saints et des bienheureux, par les Bénédictins de Paris, 1935-1959, 13 vol. directeur du t. 6 à la fin.

Le martyrologe d'Usuard, texte et commentaire (Subsidia hagiographica, n° 40), Bruxelles, 1965, 444 p.

Edition pratique des martyrologes de Bède, de l'anonyme lyonnais et de Florus, en collaboration avec Geneviève Renaud (Bibliographies, Colloques, Travaux préparatoires de l'Institut de Recherche et d'Histoire des Textes), 1976, 308 p.

Le martyrologe d'Adon, ses deux familles, ses trois recensions, textes et commentaire, en collaboration avec Geneviève Renaud (Sources d'histoire médiévale publiées par l'Institut de Recherche et d'Histoire des Textes), Paris, Centre national de la Recherche scientifique, 1984, 486 p.

Les martyrologes du Moyen Age latin (Typologie des sources du Moyen Age occidental, fasc. 26), Turnhout, 1978, 88 p.

Un sanctuaire monastique au Moyen Age : Saint-Fiacre-en-Brie (Centre de Recherche d'Histoire et de Philologie de la IVe section de l'Ecole pratique des Hautes Etudes, V, Hautes Etudes médiévales et modernes, 27), 1976, 372 p. et une carte.

Les élections monastiques au Moyen Age, dans Les élections dans l'Eglise latine des origines au XVIe siècle, sous la direction de Jean Gaudemet, Paris, 1979, IIe partie, p. 219-305.

Sous la Règle de saint Benoît, Structures monastiques et sociétés en France du Moyen Age à l'époque moderne (Ecole pratique des Hautes Etudes, V, Hautes Etudes médiévales et modernes, 47), Colloque tenu à l'abbaye bénédictine Sainte-Marie-de-Paris, 23-25 octobre 1980, édité sous la direction de Dom Jacques Dubois, Genève-Paris, 1982, 574 p.

Histoire monastique en France au XIIe siècle ; les institutions monastiques et leur évolution, Londres, 1982, 342 p.

Sainte Geneviève de Paris, la vie, le culte, l'art, en collaboration avec Laure Beaumont-Maillet, Paris, Beauchesne, 1982, 168 p. ; 2e éd. 1985.

Martyrologes : d'Usuard au martyrologe romain, Abbeville, 1990, 246 p.

ISBN 2 13 045626 X

Dépôt légal — 1re édition : 1985
4e édition : 1993, avril

108, boulevard Saint-Germain, 75006 Paris

INTRODUCTION

Au Congrès des Abbés de 1977, Dom Victor Dammertz, abbé primat des bénédictins, déclara : « Il est impossible de donner une définition juridique du moine : toute limite risque d'être arbitraire. »

Saint Benoît a écrit sa règle pour ceux « qui vivent ensemble dans un monastère et combattent sous une règle et un abbé..., la forte race des cénobites ». Dans l'Orient chrétien, il n'y a pas d'autres religieux que les moines, mais en Occident le mot moine est souvent employé abusivement pour désigner des religieux non moines : chanoines réguliers, religieux mendiants, clercs réguliers, membres des Congrégations cléricales, des sociétés de vie commune, des Congrégations laïques et des Instituts séculiers. Seuls les moines sont présentés dans ce livre.

Les monastères sont régis par des textes hiérarchisés :

La *Règle* donne l'esprit et les grands principes.

L'*Institutio* rassemble les directives canoniques, liturgiques et disciplinaires dans des recueils appelés ordinaires, coutumes, constitutions ou déclarations.

Le *Coutumier,* pas toujours écrit, transmet les détails pratiques de la vie quotidienne.

L'histoire des Ordres monastiques est celle des Règles, qui s'effacent devant la Règle de saint Benoît, puis celle des *Institutiones,* qui évoluent autour de cette Règle devenue immuable.

MOTS A DÉFINIR

Abbaye : monastère gouverné par un abbé.
Celle : petit monastère sans autonomie.
Cénobite : moine vivant en communauté.
Chanoine : clerc vivant en communauté sous la Règle de saint Augustin.
Chapitre : salle de réunion où on lit un chapitre de la Règle. Assemblée de la communauté.
Congrégation monastique : groupe de monastères unis sous l'autorité d'un abbé, d'un supérieur ou d'un président.
Convent : ensemble des moines du monastère. Le mot couvent ne s'emploie pas chez les moines.
Ermite : moine vivant seul dans une stricte séparation du monde.
Moine : religieux consacré à l'humble et noble service de la divine Majesté dans l'enceinte du monastère. L'Orient ne connaît pas d'autre forme de vie religieuse. En Occident, le titre de moine s'applique aux religieux qui suivent la Règle de saint Benoît et seulement à trois autres Ordres. Voir p. 123, 125 et 126.
Moniale : féminin de moine. Les moniales gardent la clôture adaptée à leur organisation propre.
Monastère : maison de moines ou de moniales.
Ordre : primitivement façon de vivre : ordre monastique. Puis groupement de monastères suivant les mêmes coutumes : Ordre clunisien, Ordre cistercien, etc. Ensuite institut religieux. L'Ordre bénédictin et l'Ordre cistercien sont des Confédérations de Congrégations monastiques.
Prieuré : monastère administré par un prieur. Un prieuré conventuel jouit de l'autonomie.
Religieux : chrétien ayant prononcé les trois vœux de pauvreté, chasteté et obéissance. Les religieux peuvent être laïques ou clercs.

CHAPITRE PREMIER

LES PREMIÈRES RÈGLES

L'origine du monachisme chrétien est dans l'Evangile. Des hommes et des femmes ont voulu mener une vie entièrement consacrée à Dieu. En Egypte, au IVe siècle, paraissent le père des ermites, Antoine († 356), et l'auteur de la première Règle des cénobites, Pacôme († 346).

Les ermites absolument isolés sont rares et restent inconnus. La différence entre ermites et cénobites consiste moins dans l'isolement du monde, qui peut être plus ou moins complet chez les uns et les autres, que dans la façon d'organiser la vie commune, structurée par une règle chez les cénobites, indépendante chez les ermites, qui peuvent se fixer un programme de vie très strict.

Les cénobites dans l'éloignement du monde participent à l'érémitisme ; les ermites pratiquent des usages cénobitiques, au moins dans les rapports de maître à disciple.

Saint Antoine et les ermites. — Immédiatement après la mort d'Antoine, le patriarche d'Alexandrie, Athanase, écrit en grec sa *Vie,* traduite en latin aussitôt. Elle sera au cours des siècles lue par tous les moines, qui y apprendront que la vie au désert est une lutte.

Le moine doit constamment affronter le démon, qui l'attaque par la violence ou la séduction. Par l'inconfort, la privation de sommeil et le jeûne, armé de la prière, le moine peut atteindre l'*apatheia,* l'absence complète de passions. Dans l'humilité de son cœur, il acquiert la science des Ecritures. L'âme enflammée de charité et remplie de joie, il exulte en la compagnie du Seigneur Dieu.

Saint Pacôme et les cénobites. — Né de parents païens, dans le dernier quart du IIIe siècle, Pacôme reçut le baptême en 314, alors qu'il était soldat. Il quitta l'armée et se donna à l'ascèse. Bientôt, il proposa à des moines qui vivaient dans des cellules séparées de manger ensemble et de mettre en commun le fruit de leur travail. Le succès du monastère de Tabennisi fut rapide. Les moines étaient habillés d'une tunique de lin sans manches, serrée par une ceinture, d'une peau de chèvre tannée et d'un petit mantelet auquel était attaché un capuchon. Dans une enceinte entourée par un haut mur de clôture étaient disposées des maisons, où une vingtaine de religieux avaient chacun leur cellule. Les bâtiments communautaires comprenaient église, réfectoire, cuisine, cellier, de plus jardin et hôtellerie pour les étrangers.

Sans prononcer de vœux, les moines s'engageaient à mener une vie commune et à pratiquer les vertus. La discipline était maintenue par des moines responsables de petits groupes avec une rigueur proche de la brutalité, comportant fouet et jeûne au pain et à l'eau. Les mortifications étaient à l'initiative de chacun, ce qui supprimait les repas communautaires et entretenait des concours d'ascétisme, où la vanité personnelle nuisait à la véritable ascèse. En 404, Jérôme traduisit en latin la Règle de Pacôme, qui fut aussitôt adaptée.

Saint Basile et les principes du Monachisme. — Dans les régions profondément hellénisées, la rudesse des mœurs des paysans égyptiens était inacceptable, les principes du monachisme chrétien furent définis par Basile, dont l'influence a été prépondérante tant en Orient, fondement de toutes codifications postérieures, qu'en Occident, où saint Benoît ne nomme dans sa Règle qu'un seul auteur : « notre Père, saint Basile ».

D'une grande famille de Cappadoce, Basile, né vers 329, fit de longues études à Constantinople et à Athènes, puis entreprit une longue quête à travers l'Egypte, la Palestine, la Syrie et la Mésopotamie pour observer les solitaires renommés. Vers 357, il se retira dans une propriété près de Néocésarée-du-Pont, et y mena une vie paisible de prière et d'études. Elevé au sacerdoce à Césarée dès 362 et devenu un théologien réputé, il ne séjourna plus guère dans son monastère. A partir de 365, il résida auprès de l'évêque de Césarée, auquel il succéda en 370. Il mourut le 1er janvier 379.

Père d'un monastère, Basile n'a pas rédigé un code, mais exposé les principes de la vie ascétique : 55 conférences composent les *Grandes Règles,* 313 réponses à des questions pratiques, les *Petites Règles.* On y trouve tous les éléments du monachisme : prière liturgique, confession des péchés, réception fréquente de l'Eucharistie, lecture de la Bible, travail manuel, pratique des œuvres de bienfaisance : hospitalité, soins aux malades, enseignement. Tout se passe dans une communauté sage et réglée, fondée non sur une émulation incontrôlée, mais sur l'obéissance, considérée depuis comme la base essentielle de l'observance monastique.

Jean Cassien. — Né vers 365, Cassien fut moine à Bethléem en 385-386. Puis il passa dans les déserts d'Egypte. En 399, il se rendit à Constantinople, auprès de Jean Chrysostome. Il s'enfuit après sa condamnation inique. Réfugié à Rome en 405 auprès du pape Innocent Ier, il rencontra le futur Léon Ier. En 415, il vint s'installer à Marseille où il fonda deux monastères, l'un pour les moines, l'autre pour les vierges. C'est là qu'il rédigea tous ses livres : les *Institutions cénobitiques,* peu après 420, les *Vingt-quatre Conférences* en 425-426, et le *Traité de l'Incarnation,* en 430. Il mourut vers 435.

Cassien enseigne que Dieu se fait présent à l'âme et la transforme par une union, tout à la fois connaissance et amour. A cette contemplation, le moine parvient par la connaissance des remèdes aux vices et à l'acquisition progressive des vertus. Cassien insiste sur la discrétion, qui, évitant tous les excès, est la source et la racine des vertus. Celles-ci développent par l'exercice de l'humilité, l'ouverture de conscience et le culte de la tradition. Le travail apporte l'indépendance au moine, la science de l'Ecriture modèle son esprit, la prière embrase son âme.

Le succès de Cassien tient à son latin relativement simple et correct, et à sa puissance de suggestion. Bien qu'évoquant l'Egypte, il ne se gêne nullement pour adapter son enseignement à ses disciples de Gaule. Malgré ses tendances semi-pélagiennes, Cassien a eu sur le monachisme occidental une influence considérable. Saint Benoît en recommande la lecture.

Chapitre II

LES DÉBUTS DU MONACHISME EN OCCIDENT

IVe siècle. — Les premiers moines d'Occident n'ont pas joui du prestige des Pères des déserts d'Orient. La rareté des textes et l'absence de témoins archéologiques rendent les recherches très difficiles.

Au IVe siècle, des moines se retirent dans des solitudes inaccessibles, mais on ne les connaît que par des voyageurs ou par des adversaires. Des moines se réunissent à la périphérie des villes. A Milan, Ambroise († 397) s'occupe d'un monastère rempli de bons Frères. A Verceil dès 345, l'évêque Eusèbe († 376) mène la vie commune avec son clergé. A partir de 396, à Hippone, Augustin († 430) l'imite. Il rédige pour les hommes et pour les femmes des règlements, qui furent par la suite abondamment utilisés, souvent complétés ou remaniés.

Vers 360, attiré par la renommée de l'évêque Hilaire, Martin s'installa dans une *villa* à Ligugé près de Poitiers. Elu malgré lui évêque de Tours en 371 ou 372, il se créa aussitôt un refuge sur l'autre rive de la Loire. Des disciples vinrent le rejoindre, et se logèrent dans des cabanes ou des grottes ; ces logements individuels rappelaient les laures de Palestine.

Lérins. — Peu après la mort de Martin, vers 400, Honorat et ses compagnons construisirent dans l'île de Lérins des cabanes individuelles. Au bout de quelques années, ils abandonnèrent la formule de la laure et se réunirent dans un unique monastère sous l'autorité d'un supérieur doté des plus amples pouvoirs.

Vers 410, un auteur, qui connaissait bien les usages des moines d'Orient et utilisa les Règles de Basile, imagina un débat entre moines, auxquels il donna des noms empruntés à l'Egypte : Sérapion, Macaire et Paphnuce. (Ce texte est intitulé *Règle des quatre Pères,* parce que Macaire prend la parole deux fois et qu'un copiste en a conclu, un peu vite, qu'il y avait deux Macaire.)

A la fin de 427, Honorat fut élu évêque d'Arles et Maxime lui succéda. L'office liturgique et le travail furent réglementés et imposés ; des sanctions furent prévues pour les manquements ; sans diminuer l'autorité du Père du monastère, on le soumit à la Règle. *La seconde Règle des Pères* fut appliquée avec souplesse, puisqu'il y avait dans l'île de Lérins, en dehors du monastère, des cellules d'ermites.

A la fin du Ve siècle parut une nouvelle Règle attribuée à Macaire (dont la légende faisait le successeur d'Antoine et le prédécesseur de Pacôme), mais son origine n'est pas douteuse : elle reproduit une partie de *la seconde Règle des Pères.* Lérins était un foyer de théologie semi-pélagienne qui, refusant la doctrine de la grâce d'Augustin, se réclamait de Jérôme. L'auteur des *Vies* des Pères du Jura, qui écrit vers 520 à Condat (devenu Saint-Oyend, puis Saint-Claude), évoque les institutions promulguées par Basile, les Pères de Lérins, Pacôme et Cassien, mais il leur préfère une Règle adaptée au climat du pays et aux exigences du travail, qui est probablement la *Règle orientale,* composée d'extraits de la *Règle de Pacôme,* de la *seconde Règle des Pères* et de directoires qui déterminent les activités des officiers du monastère. Elle transmet les traditions de Lérins adaptées à Condat et à Agaune.

C'est probablement au moment du Concile tenu à Clermont en Auvergne en 535 que fut compilée *la troisième Règle des Pères*. A la Règle de Macaire, furent jointes les prescriptions du Concile d'Agde de 506 et des deux Conciles d'Orléans de 511 et 533 ; les évêques revendiquent l'autorité sur les abbés et sanctionnent sévèrement les abus : vol, détournement d'héritage, relations avec les femmes.

Arles. — Né à Chalon-sur-Saône vers 470, Césaire avait environ vingt ans quand il se mit à vivre en ascète. A Lérins, il s'aliéna la communauté en imposant une frugalité extrême. L'évêque d'Arles, Eone, l'ordonna prêtre, et lui confia un monastère. Evêque d'Arles de 503 à sa mort (27 août 542), Césaire passa une vingtaine d'années à rédiger une Règle pour les moniales. Il utilisa Pacôme, Cassien, *la seconde Règle des Pères* et surtout Augustin. Il réglementa l'office divin et le jeûne, insista sur le silence, la stricte clôture et la réserve dans les rapports avec l'extérieur. Ayant achevé cette Règle en 534, Césaire s'en servit pour composer une Règle pour les moines, plus brève et plus claire.

Son successeur Aurélien (546-551) utilisa ses deux Règles pour en composer une pour les moines, peu originale, mais équilibrée, et une pour les vierges, allégée des prescriptions secondaires ou inadaptées à des femmes. Les évêques d'Arles révèlent brillamment l'importance du monachisme urbain.

Autres Règles du VIe siècle. — *La règle de saint Ferréol* (probablement l'évêque d'Uzès de 533 à 581), la *Règle des abbés Paul et Etienne* et la *Règle de Tarnant* dépendent des textes classiques et des Règles présentées ci-dessus ; elles sont intéressantes par leur contenu, mais on ignore l'emplacement des communautés pour lesquelles elles ont été écrites.

La querelle de l'antériorité de la Règle du Maître sur la Règle de saint Benoît. — Deux Règles ont été rédigées en Italie centrale au VIe siècle : la plus courte est attribuée à Benoît, abbé du Mont-Cassin, la plus longue est anonyme, mais comme ses développements sont introduits par la formule : « Le Seigneur a répondu par le maître », on l'appelle *Règle du Maître*. Ces deux Règles ont de nombreux passages communs, mais elles se présentent très différemment : le Maître décrit minutieusement la vie du moine et l'encadre dans les règlements multiples, justifiés par de longues exhortations spirituelles où il aligne des exemples empruntés à des sources diverses, y compris des apocryphes du Nouveau Testament et des passions légendaires ; la Règle de saint Benoît insiste sur l'Office divin, expose sobrement et clairement les principes de la vie spirituelle.

Du Maître, on ne sait rien ; on admet généralement que l'auteur de la Règle de saint Benoît est l'abbé du Mont-Cassin, mort vers 547.

Bien qu'elle ait été connue de Benoît d'Aniane et que nombre d'auteurs y fassent allusion, la Règle du Maître n'a guère été lue au cours des siècles. Elle est peu attirante. L'auteur d'un lexique de cette Règle la définit ainsi : « Le maniaque qui légifère dans la *Regula Magistri* n'est ni un abbé ni un fondateur du type traditionnel, mais un vieillard féru d'érudition et de réglementation qui se répète sans fin. »

Sans s'y attarder, tous les auteurs admettaient que la *Règle du Maître* était une paraphrase de la Règle de saint Benoît, que Mabillon datait du VIIe siècle, et qui n'avait d'autre intérêt que de donner quelques détails curieux. Pourtant, alors que le plus ancien manuscrit conservé de la Règle de saint Benoît est des environs de 710, la Règle du Maître est parvenue dans un manuscrit copié vers 600 et, par extraits, dans un manuscrit un peu plus ancien.

Préparant une édition critique de la Règle de saint Benoît, Dom Augustin Genestout, moine de Solesmes, pensa que les manuscrits de la Règle du Maître, à cause de leur ancienneté, apporteraient des variantes utiles. Comparant soigneusement les deux Règles, il eut la surprise de constater que leurs rapports n'allaient pas dans le sens d'une amplification de Benoît par le Maître, mais à rebours supposaient une abréviation du Maître par Benoît. Dom Genestout aurait voulu présenter son opinion avec une étude approfondie, mais Mathieu Alamo, moine de l'abbaye de Silos en Espagne, mis au courant de sa découverte, ne lui en laissa pas le temps. Il publia dans la *Revue d'Histoire ecclésiastique* (t. 34, 1938, p. 739-755) un article intitulé : La Règle de saint Benoît éclairée par sa source, la Règle du Maître.

L'article était médiocre, les réactions furent violentes. Une foule de contradicteurs affirmèrent qu'une Règle aussi prestigieuse et sage que celle de saint Benoît ne pouvait être que la composition soignée et originale d'un génie, et que loin d'être la source de celle de saint Benoît, la Règle du Maître n'en était qu'une pédante et maladroite amplification.

Les articles provoqués par cette polémique s'appuyaient sur l'édition de la Règle du Maître réalisée par Lucas Holstenius, dans le *Codex regularum* (Rome, 1661) et reproduite par Migne (*Patrologie latine,* t. 88, col. 943-1052) avec de multiples fautes d'impression. M. Vanderhoven et F. Masaï procurèrent en 1953 l'édition diplomatique des deux manuscrits anciens de la *Règle du Maître,* et, en 1964-1965, Dom Adalbert de Vogüe l'édita avec traduction et concordance.

Actuellement aucun chercheur ayant lu attentivement les deux règles ne doute de l'antériorité de la *Règle du Maître.* La gloire de saint Benoît en est-elle affaiblie ? Cette crainte venait d'une erreur de perspective : saint Benoît n'a pas institué un Ordre centralisé, sa Règle s'est répandue dans des monastères qui existaient depuis longtemps sans créer entre eux aucun lien juridique. Elle n'a pas été une composition soudaine, mais l'aboutissement d'une longue évolution qui débute dans l'Evangile et se poursuit à travers les premières Règles monastiques pour aboutir à l'œuvre littéraire qu'est la *Règle du Maître.*

Saint Benoît trouva dans ce texte prolixe, qu'il élagua judicieusement, une grande partie des éléments avec lesquels il rédigea sa Règle qui transmit l'incomparable héritage des premières générations de moines chrétiens.

Chapitre III

LA RÈGLE DE SAINT BENOÎT

Benoît n'est connu que par le récit du pape Grégoire le Grand (590-604) au IIe livre de ses *Dialogues* ; son but étant de montrer qu'il y avait encore des saints qui accomplissaient des miracles, ce pape ne rapporte de saint Benoît que des « merveilles ».

Benoît naît vers 480 dans la province de Nursie, pays montagneux voisin de Rome. Venu dans la capitale pour étudier, il la quitte bientôt et va vivre en ascète d'abord à Enfide, près de Tivoli, puis à Subiaco, seul, caché dans la montagne. Elu abbé du monastère voisin de Vicovaro, il échappe à une tentative d'empoisonnement. A Subiaco, il réunit des disciples, qu'il répartit en douze petits monastères ; la jalousie d'un prêtre l'oblige à s'éloigner. Vers 529, il se fixe au Mont-Cassin, y fonde un monastère où il meurt, un 21 mars, en 547 ou un peu plus tard, après avoir reçu le roi des Goths, Totila. Grégoire le Grand résume son activité en annonçant : « Il écrivit une Règle pour les moines, remarquable par sa discrétion et sa clarté. »

La règle de saint Benoît se présente sous la forme d'un petit livre divisé en 73 chapitres, précédés d'un Prologue. Certains de ces chapitres n'ont que quelques lignes, les plus longs ne dépassent pas quelques pages.

Le style n'est pas celui d'un code législatif moderne, conseils spirituels et directives pratiques y sont entremêlés. Le plan n'est pas rigoureux, bien qu'on puisse reconnaître un certain ordre : le Prologue et les sept premiers chapitres donnent les grands principes de la vie et de la spiritualité monastiques ; les chapitres 8 à 20 traitent de la prière, surtout de la grande prière liturgique ; les chapitres 21 à 57 décrivent concrètement la vie journalière dans le monastère et prévoient les peines qui sanctionnent les manquements ; les chapitres 58 à 61 expliquent la manière de recevoir les novices et d'éprouver leur vocation avant qu'ils ne prononcent leurs vœux ; les chapitres 62 à 72 insistent sur la discipline nécessaire à la bonne marche de la communauté ; enfin le chapitre 73 et dernier invite les moines à approfondir l'Ecriture et les écrits des saints Pères en leur promettant que, s'ils suivent « cette toute petite règle, écrite pour les débutants », ils parviendront aux plus hautes cimes de la doctrine et des vertus.

La Règle répond au but de son auteur, qui voulait instituer « une école de service du Seigneur ». A la prière liturgique, la Règle accorde la première place. Le travail manuel, d'abord jardinage et artisanat, devint copie de manuscrits et travail intellectuel, indispensable à la *lectio divina* (étude attentive et méditation des textes de la Bible et des commentaires patristiques). Le travail proprement manuel fut périodiquement remis en honneur.

La Règle organise la communauté. Après un noviciat d'un an, le moine s'engage. La *profession* est une consécration au service de Dieu en même temps qu'un contrat bilatéral, passé entre la communauté et le profès, qui se lie définitivement à son monastère par le vœu de *stabilité*.

Composé de personnes lui appartenant irrévocablement, le monastère est une famille gouvernée par un abbé, père de ses moines comme son nom l'indique (le syriaque *abba* signifie père). L'abbé est élu à vie par les moines. Il est assisté par un conseil de quelques moines ; pour les affaires les plus importantes, il doit demander et suivre l'avis de l'assemblée des moines réunis au chapitre. L'abbé nomme aux diverses fonctions les officiers du monastère, responsables devant lui.

A une époque où la société était en pleine dissolution, ces dispositions ont assuré aux monastères une solidité qui explique leur action et leur influence. Les maux dont souffrit l'Ordre bénédictin au cours de son histoire sont dus à la non-observation de points essentiels de la Règle.

La Règle contient une norme très précise d'ascèse monastique, avec une doctrine spirituelle centrée sur la personne du Christ ; elle entre peu dans les détails de la vie, laissant à l'abbé une grande liberté d'interprétation. Elle insiste sur la discipline intérieure, l'abnégation de la volonté et l'obéissance. N'imposant pas au moine une attitude artificielle, elle le forme par le dedans, en respectant les aptitudes et les tempéraments : c'est ce qu'on appelle la *discrétion bénédictine.*

Les horaires types par lesquels certains auteurs ont voulu caractériser la vie des moines ont été établis sur des critères arbitraires, qui ne tiennent aucun compte de la souplesse de l'adaptation aux temps, aux lieux et aux cas concrets. L'horaire monastique comporte toujours, en plus d'un long office de nuit, les laudes à l'aurore, la messe conventuelle, les vêpres au crépuscule, et les complies, qui précèdent le coucher. Les autres heures de l'office, plus brèves, sont réparties dans la journée. *Lectio divina* et travail partagent le reste du temps, selon des modalités innombrables.

CHAPITRE IV

LE MONACHISME EN OCCIDENT VIe-VIIIe SIÈCLES

Gaule. — Les monastères sont nombreux en Gaule, mais leurs archives ont presque entièrement disparu, les allusions sont rares et fragmentaires, les vestiges archéologiques, presque toujours recouverts. Les lieux dont le nom dérive de *monasterium* ou *monasteriolum,* Moutier, Monestier, Montereau, Montreuil, Ménétrol, Monistrol, ont, avant Charlemagne, été occupés par des monastères dont il ne reste parfois aucun autre souvenir.

Les monastères sont établis dans des villas romaines, sur des routes ou près des basiliques, qui, dans les faubourgs des villes, abritent les reliques des martyrs et des évêques. Tous ces monastères sont favorisés et richement dotés par les princes et les évêques. Les actes, qui définissent les observances, se contentent de termes vagues : « les traditions des Pères », la « Règle » sans aucune précision ou avec plusieurs noms : Basile, Macaire, Césaire, les Quatre Pères.

Vers 575, parurent en Gaule des missionnaires irlandais sous la conduite de Colomban, qui fonda, vers 590, l'abbaye de Luxeuil sur les ruines de thermes romains.

Formé en Irlande, défenseur de certains usages celtiques en face du pape Grégoire Ier et de ses successeurs, Colomban comprit qu'il ne pouvait imposer en Gaule ce qu'il avait vécu en Irlande. Ce qu'on appelle Règle de Colomban est un code moral et pénal, qui ne peut régir une institution. Colomban adopta donc la Règle de saint Benoît. Il mourut à Bobbio, en 615, ayant créé par son zèle enthousiaste une observance monastique qui se définit par la fidélité à la *Regula sancti Benedicti vel sancti Columbani.*

Quelques législateurs tentèrent d'unir en un document unique les deux Règles de Benoît et de Colomban. La *Regula cujusdam Patris ad virgines,* que l'abbé de Luxeuil, Walbert, aurait rédigée pour Faremoutiers vers 620, emprunte à Benoît et à Colomban dans la proportion des trois quarts au premier et d'un quart au second, la Règle que Donat, évêque de Besançon (626 à 660 environ), composa vers la fin de son épiscopat pour les moniales de Jussa-Moutier, est empruntée pour moitié à Benoît, un tiers à Césaire, et un sixième à Colomban.

Régente de 657 à 665, la reine Bathilde († 680) imposa les usages de Luxeuil dans ses fondations de Corbie et de Jumièges pour les moines, de Chelles pour les moniales, mais elle ne prétendit pas les introduire partout. La Règle de saint Benoît se propageait par d'autres voies. Sa première mention en Gaule apparaît vers 620 dans une lettre adressée à l'évêque d'Albi par Venerandus, abbé d'*Altaripa* (Castres). Et au temps de Bathilde l'évêque d'Autun, Léger, fit décider, dans un concile tenu dans sa ville, que tous les moines observeraient les saints canons et la Règle de saint Benoît. Déjà, elle était considérée comme la norme de la vie monastique au-dessus de toutes les traditions locales.

Angleterre. — Evangélisée par le moine Augustin et ses compagnons envoyés de Rome par le pape Grégoire le Grand en 597, l'Angleterre adopta très tôt et complètement la Règle de saint Benoît avec un amour et une discrétion qui donnèrent au monachisme bénédictin anglais une qualité humaniste et une piété sereine, dont le charme ne s'est pas évanoui.

Bède le Vénérable restera toujours le type idéal du moine bénédictin, vivant dans le silence, la prière et le travail. A la fin de sa vie, il s'est présenté lui-même avec simplicité : « Je suis né au voisinage du monastère (en 672-673). A sept ans, j'ai été offert à ce monastère pour y être éduqué. J'y ai passé toute ma vie en consacrant tous mes efforts à méditer les Ecritures, dans l'observance de la discipline régulière. Chantant chaque jour à l'église, il m'a été doux de toujours apprendre, enseigner et écrire. J'ai été ordonné diacre à dix-neuf ans et prêtre à trente, par l'évêque Jean (d'Hexham), sur l'ordre de mon abbé Ceolfrid. »

A cinquante-neuf ans, Bède rédigea le catalogue de ses œuvres. En tête, les commentaires d'Ecriture pour lesquels il avait utilisé abondamment ceux des Pères écrits en latin ou traduits du grec. Père de l'histoire d'Angleterre, il annonce fièrement : « J'ai écrit l'histoire de mon monastère, et l'histoire ecclésiastique de notre île et de notre nation. » Bède fut le premier à rédiger un martyrologe qui joint au nom du saint un éloge historique. Il composa des hymnes, des épigrammes, « des livres sur la nature des choses et des temps, un livre sur l'orthographe, disposé en ordre alphabétique », des livres sur la métrique et sur les figures bibliques.

Chercheur consciencieux, Bède recueille précieusement les informations : auteur, il cite ses sources, se range aux opinions les plus sûres, ne craint pas de proposer méthodes nouvelles et conclusions personnelles.

La vie monastique dans l'union à Dieu ne connaît pas la rupture de la mort. Se sentant faiblir, Bède déclara : « J'ai beaucoup vécu, mon âme désire voir dans sa gloire mon roi, le Christ. » Malgré sa lassitude, il accepta d'achever son livre en cours. Il dicta. Quand son jeune scribe lui dit : « C'est fini », il répondit : « Tu as dit vrai, tout est achevé. » Il demanda qu'on lui soutienne la tête pour prier selon son habitude, chanta : « *Gloria Patri et Filio et Spiritui Sancto* », et rendit l'âme. Bède mourut à soixante-deux ans, le 26 mai 735.

Bède ne fut pas un savant austère ou un spécialiste inaccessible. Nourri de l'Ecriture sainte, son savoir embrassait toutes les disciplines. Soutenu par son amour du Christ, il a voulu aider ses frères en leur transmettant le fruit de son travail. Il a gagné l'admiration et l'affection de son entourage, qui se sont maintenues à travers les siècles.

Irlande. — Nulle part autant qu'en Irlande, le monachisme ne s'assimila à la société ; des clans devenus chrétiens menèrent une vie quasi monastique, le chef du clan devenant le chef religieux, sans l'ordination épiscopale, conférée à un moine qui accomplissait les rites sacrés, mais ne gouvernait pas. Alors qu'ailleurs la confusion entre pouvoirs spirituels et temporels entraînait un relâchement des mœurs, les moines celtes se distinguèrent par leur austérité avec jeûnes rigoureux et immersions prolongées dans l'eau froide. Dans ce pays sans ville où les bâtiments et les églises étaient le plus souvent en bois et en torchis, on aimait les magnifiques manuscrits enluminés, les beaux vases sacrés, les reliquaires d'argent et les cloches de bronze. Alors qu'aux VIe et VIIe siècles, sur le continent, la culture latine est en pleine décadence, les Irlandais en sont férus, ce qui ne les empêche pas de traduire les textes sacrés et de composer en leur langue des martyrologes et d'autres livres.

Dévorés d'amour pour leur pays natal, les moines celtes pensèrent que le plus grand renoncement serait de le quitter. Hardis navigateurs, ils se rendirent à Rome, en Terre sainte, et partout où ils pouvaient évangéliser, tant vers le continent que vers les îles du Nord. Plus important encore que les missions des saints célèbres fut le courant qui pendant trois ou quatre siècles peupla les monastères scots d'Europe septentrionale. Leurs usages particuliers étaient mal tolérés par les évêques, l'assimilation se fit par le recutement sur place, le souvenir des Scots se perdit, mais leur influence dans l'évangélisation et le développement de la pensée chrétienne fut considérable.

Espagne. — Les origines du monachisme en Espagne ont été embrouillées par les controverses suscitées autour de l'évêque Priscillien. Son excès d'ascétisme l'entraîna à condamner la matière ; il fut accusé d'hérésie et exécuté, à Trèves en 386 sur l'ordre de l'empereur. Son enseignement laissa des traces durables et visibles encore au VIIe siècle dans la *Regula consensoria monachorum*.

Les évêques intervinrent pour orienter la vie monastique. L'évêque de Séville, Léandre (584-600), composa une Règle pour les moniales dirigées par sa sœur Florentina. Son frère et successeur, le célèbre Isidore (600-636), s'inspira de la Règle de saint Benoît pour donner une Règle aux moines. Il fut imité par l'évêque de Braga : Fructueux († vers 665). Après l'invasion arabe, de nombreuses petites communautés se maintinrent avec leur liturgie propre dite mozarabe.

Chapitre V

BENOÎT D'ANIANE

Le rôle de Benoît d'Aniane dans l'évolution de l'ordre monastique s'explique par les institutions de l'époque carolingienne. Pour s'assurer la fidélité des grands du royaume, Charles Martel leur avait distribué évêchés et abbayes. Moins brutalement, ses successeurs continuèrent à en disposer. Il ne semble pas que ces exactions aient fait disparaître des monastères. Il y eut des fondations nouvelles, en France, et plus encore en Frise et en Germanie que les moines évangélisèrent en commençant par fonder des abbayes, bases de leur action. L'Eglise et l'Etat étant plus unis que jamais, le roi ou l'empereur légiféraient en matière religieuse, les clercs et les moines servaient à la chancellerie et dans l'administration. Les monastères étaient des foyers de culture intellectuelle et des centres d'activités agricoles, artisanales et commerciales. Ils contribuaient aux dépenses publiques et envoyaient des contingents à l'armée. Dans la mentalité du temps, la célébration de l'office divin n'était pas une fonction moins indispensable à la société.

Fils du comte de Maguelonne, Vitiza naquit vers 750. Il fut élevé à la cour du roi Pépin et servit dans l'armée. Pour remercier Dieu d'avoir échappé à la noyade, il entra en 776 au monastère de Saint-Seine près de Dijon. Hanté par les prouesses ascétiques des Pères des déserts d'Orient, il pratiqua en marge de la vie commune des austérités effrayantes. A la mort de l'abbé, il vint s'établir dans une propriété de sa famille à Aniane, à 25 kilomètres au nord-ouest de Montpellier, pour y établir un monastère pauvre et austère.

Sa tentative n'eut pas de succès. Vers 787, Vitiza changea complètement d'orientation. Il construisit un grand monastère avec une belle église, organisa la célébration solennelle de l'office et constitua une belle bibliothèque. Il imposa la Règle de saint Benoît et prit lui-même le nom de Benoît.

Erudit autant qu'organisateur, il réunit en un recueil les Règles anciennes. Ce *codex regularum* a été conservé dans un manuscrit (Munich, Clm 28.118) donné par Benoît lui-même à son ami Hélisachar, chancelier de Louis le Pieux et abbé de Saint-Maximin de Trèves. Il contient 27 règles, dont 21 pour les moines et 6 pour les moniales (elles ont toutes été présentées plus haut). Benoît composa ensuite la *Concordia regularum*, commentaire ascétique de la règle de saint Benoît, formé d'extraits des autres Règles. Il transmit ainsi toute la tradition des anciens moines.

Au moment où Benoît organisait son monastère d'Aniane, Charlemagne imposait la liturgie romaine. Au sacramentaire du Latran envoyé par le pape Hadrien Ier entre 784 et 791, Benoît ajouta un supplément, formé de pièces empruntées au sacramentaire gélasien du VIIe siècle et aux livres wisigothiques, enrichi de compositions nouvelles.

Benoît d'Aniane gagna la confiance du roi d'Aquitaine, Louis le Pieux, qui devint empereur en 814, et prit une large part aux deux synodes réunis à Aix-la-Chapelle en 816 et 817, le premier légiférant pour les chanoines, le second, pour les moines. Les uns et les autres assuraient la célébration solennelle de l'office divin, mais alors que les chanoines s'occupaient du ministère sacerdotal auprès des fidèles, tenaient des hôpitaux et des écoles, les moines vivaient à l'intérieur de leur monastère.

En un temps où la prospérité des monastères risquait de transformer les moines en administrateurs uniquement soucieux de leurs biens fonciers, Benoît d'Aniane posa une série de consignes pratiques pour maintenir la vie spirituelle. Il savait que l'observance est constituée de détails minimes ; il fonda à deux lieues d'Aix-la-Chapelle, à Inde (ou Cornelimünster), une abbaye pour recevoir et former des moines choisis dans toutes les abbayes de l'Empire. Il codifia les usages non écrits des monastères, dans la *Collectio capitularis,* en 77 petits articles (la plupart n'ont qu'une phrase).

Ne pouvant obtenir pour tous les monastères la liberté des élections abbatiales, il recourut à la division des menses, l'abbé jouissant d'une part des revenus sans toucher à la part des moines. Il les protégea de l'arbitraire en prescrivant que seul un moine pourrait devenir leur prévôt.

Pour favoriser la vie commune, il ordonna de ne jamais mettre moins de six moines dans une maison, de ne pas confier de villas à un moine et de n'instruire dans les monastères que des enfants oblats destinés à devenir moines.

Benoît d'Aniane proposa aux moines d'adopter le schéma de l'office prévu par la Règle de saint Benoît. Il n'eut pas l'idée d'un retour à la simplicicté primitive, dont nul n'avait le souvenir ; il contribua à généraliser des additions comme la lecture du martyrologe et l'office du Chapitre à la fin de Prime, la récitation des psaumes graduels, en plus de l'office de nuit et des prières pour les morts. Ces additions s'amplifièrent et se multiplièrent pour satisfaire la piété des moines et de leur bienfaiteurs.

Benoît d'Aniane mourut à Inde le 11 février 821.

CHAPITRE VI

LES MONIALES

L'extrême dispersion de la documentation, aggravée par l'absence de toute autorité centralisatrice, rend la présentation de l'histoire des moniales difficile et fragmentaire.

Plus encore pour les religieuses que pour les religieux, les historiens ont insisté sur les manquements, tout en notant que lors des grands bouleversements et des supressions de monastères, les femmes restèrent plus fidèles que les hommes. Les persécuteurs frappèrent plus rudement les hommes et tolérèrent la vie commune de femmes considérées comme inoffensives. Les religieux s'accommodèrent plus facilement de la dispersion parce qu'ils étaient plus capables que des femmes de trouver un emploi, soit dans le ministère sacerdotal, soit dans des activités purement profanes. Ces constations générales sont corrigées par de nombreux cas particuliers.

Plus encore pour les femmes que pour les hommes, la vie monastique a pris des formes variées à l'infini, et il est très difficile de placer une limite entre les religieuses ayant prononcé les vœux de religion et les pieuses femmes menant une vie quasi religieuse sans vœu.

Organisation de la vie monastique pour les femmes. — Aux origines chrétiennes, les vierges consacrées vivaient dans leur maison familiale. Assidues à la lecture des livres saints et occupées au travail des mains, elles se vêtaient simplement et jouissaient de places d'honneur aux assemblées liturgiques. Elles reçurent de l'évêque une consécration solennelle au moins dès le IVe siècle. Pour s'entraider spirituellement et matériellement, elles se réunissaient volontiers.

Les institutions les plus anciennes ne sont connues qu'à travers des personnalités exceptionnelles, comme la soeur de saint Pacôme à Tabennesi en Egypte, les correspondantes de saint Jérôme à Rome et à Bethléem, sainte Geneviève à Paris.

A partir du Ve siècle, des évêques, dont la plupart rédigèrent des Règles pour les moines, donnèrent aux moniales des règlements adaptés : Augustin, évêque d'Hippone († 431), Césaire, évêque d'Arles († 542), Aurélien, son sucesseur († 551), Donat, évêque de Besançon († 658). Ces Règles connurent une large diffusion : vers 570, la reine Radegonde, qui venait de fonder Sainte-Croix de Poitiers, se rendit à Arles pour y étudier l'observance des moniales.

Plus encore pour les moniales que pour les moines, les coutumes de l'époque mérovingienne sont des amalgames de traditions dans lesquelles on reconnaît les Règles d'Orient et de Provence, les écrits de saint Jérôme et de saint Augustin, et plus encore la Règle de saint Benoît, qui au IXe siècle s'imposa aussi bien aux moniales qu'aux moines.

Les Synodes réunis à Aix-la-Chapelle en 816 et 817 sous la direction de Benoît d'Aniane définirent les statuts des chanoinesses et des moniales de manière analogue à ceux des chanoines et des moines. Cette réorganisation eut peu d'effet, les empereurs et les princes n'en tenant aucun compte nommèrent partout des abbesses séculières, et les réformateurs du XIe siècle, loin de restaurer les abbayes de femmes, préférèrent les expulser pour les remplacer par des moines.

Au Moyen Age, les monastères de moniales ne se multiplièrent pas comme les monastères d'hommes, il y en avait dix fois moins.

Moniales et chanoinesses. — La cause principale de l'affaiblissement de l'idéal fut le placement dans les monastères de filles en surnombre, pour lesquelles les familles voulaient un établissement stable, avantageux et glorieux. Ces recrues sans vocation créèrent parfois des scandales et alourdirent toujours la vie des communautés.

De telles moniales désiraient habiter une maison particulière, préparer leurs repas, suivre la mode dans leurs vêtements, entretenir avec leur famille et leurs amis des relations constantes et libres. Elles avaient des servantes et prenaient avec elles des nièces, qui recevaient une éducation soignée avant de se marier ou de prendre la place de leur tante, pour maintenir les mêmes manières. De telles moniales préféraient être chanoinesses, la Règle de saint Augustin étant beaucoup plus souple que celle de saint Benoît. Les dispenses ou les coutumes permirent à des moniales de mener une vie analogue à celle des chanoinesses. L'emploi du même vocabulaire accentue la confusion, de sorte qu'il est difficile de les distinguer et plus encore d'attribuer aux unes ou aux autres une vie plus régulière ou plus relâchée.

En principe, les chanoinesses, comme les moniales, font vœu d'obéissance et de chasteté, sont gouvernées par une abbesse et assurent l'office divin. Les chanoinesses gardent la propriété de leurs biens, ne sont tenues ni à l'abstinence ni à la clôture, ce qui leur permet des activités extérieures. Mais aux origines, les vierges consacrées avaient pris une part active au ministère. On choisissait volontiers parmi elles les diaconnesses. Curieusement, ce degré de la hiérarchie s'est conservé chez des moniales menant une vie strictement contemplative.

Le besoin de proposer à des filles non mariées ou à des veuves une vie pieuse, non soumise à une Règle trop stricte, amena au XIIIe siècle la création de béguinages. Les béguines se vouaient à la continence pour leur séjour, qui pouvait durer toute leur vie ou être interrompu par le mariage. Elles conservaient la propriété de leurs biens et habitaient des maisons individuelles groupées autour d'une église. Elles devaient par leur travail subvenir à leurs besoins. Elles ne pouvaient sortir de l'enclos sans permission. Elles promettaient d'obéir aux statuts, aux maîtresses et à l'autorité ecclésiastique, mais elles gardaient une large autonomie.

Il y eut des époques où moniales et chanoinesses égayaient leur vie par des réceptions et des distractions, tout en participant à l'office divin. L'attachement excessif à leur famille ne les empêcha pas de s'appliquer avec succès à l'éducation des jeunes filles. Une vie confortable et dénuée de soucis ne les laissait pas oublier ceux et celles qui se dévouaient à des œuvres de charité.

Si chez les moniales, comme chez les moines et dans toutes les classes de la société, on recense peu de personnalités de grande envergure, qui s'imposèrent par leur action, leur culture intellectuelle, leurs réalisations ou leurs écrits, nombreuses furent celles qui surent garder fidèlement leur idéal de prière commune dans une vie consacrée.

Clôture. — Une véritable séparation du monde parut nécessaire et désirable. Du Xᵉ au XIVᵉ siècle, l'érémitisme fut très répandu. Pour pratiquer la solitude sans grave imprudence, les femmes demandaient à être recluses dans des cellules construites auprès d'une porte de ville, d'un pont, ou plus souvent contre un sanctuaire desservi par des moines. La recluse était murée, ou au moins enfermée sous de solides verrous. Par une fenêtre, elle communiquait avec l'extérieur et suivait les offices.

Pour les moniales vivant en communauté, la clôture fut parfois matérialisée avec un soin extrême : hautes murailles percées de rares ouvertures, munies de grilles et de tours permettant de passer les objets sans pouvoir jeter un coup d'œil à l'intérieur. A certaines époques, cette disposition était celle de toutes les grandes maisons, de sorte que les jeunes filles devenues moniales ne se sentaient nullement brimées. On aurait tort de traiter de relâchement d'autres conceptions de la clôture.

Monastères doubles. — Dans les « monastères doubles », sous une autorité unique et dans un seul domaine, deux communautés, l'une d'hommes et l'autre de femmes, étaient juxtaposées tout en ayant chacune leur vie propre et en célébrant séparément l'office divin.

Du VIIᵉ au Xᵉ siècle, la plupart des monastères de femmes furent des monastères doubles. L'autorité appartenait primitivement à l'abbé. Dès le VIIᵉ siècle, en Angleterre, le pouvoir passa aux abbesses, qui eurent une grande influence tant dans leurs monastères que dans les affaires ecclésiastiques et civiles. Il en fut de même en Allemagne au VIIIᵉ siècle.

Les monastères doubles disparurent progressivement. La formule fut reprise, mais adaptée, dans les Ordres de Fontevraud et de Sempringham.

Conversi et conversae. — L'évêque de Braga, Fructueux († vers 655) rédigea une Règle pour des communautés composées de familles entières, pères, mères et enfants. Ces communautés furent nombreuses en Espagne au temps de la Reconquête. A la même époque, les abbayes anglaises recevaient des familles dont les membres participaient aux offices liturgiques et aux travaux. Plus tard, dans toute l'Europe, des ménages âgés trouvèrent près des monastères un asile pour leurs vieux jours, en s'unissant à la prière et au travail conventuels. La vie religieuse de tous ces familiers exigaient des règlements très souples.

Ressources matérielles. — Les abbayes de moniales furent généralement moins riches que les abbayes d'hommes. Elles possédaient peu de sanctuaires de pèlerinages, peu d'églises paroissiales et reçurent beaucoup moins d'offrandes, puiqu'elles ne pouvaient assurer des messes pour les défunts.

Les moniales connurent souvent de vraies difficultés matérielles. Cela pouvait entraîner la nécessité de multiplier les relations avec d'éventuels bienfaiteurs, et de sortir pour se procurer des ressources indispensables.

En des temps où l'insécurité exigeait la prudence et où les femmes et les filles vivaient le plus souvent à l'intérieur de leurs demeures, les moniales eurent dans l'administration de leurs maisons une autorité qui manquait aux femmes mariées.

Rapports avec les évêques et les moines. — Devant faire appel à des prêtres pour l'administration des sacrements, les moniales restèrent plus dépendantes des évêques que les moines.

Quelques ordres du Moyen Age et quelques congrégations monastiques modernes tentèrent de constituer deux branches, l'une masculine, l'autre féminine. Beaucoup plus souvent, les moines émirent beaucoup de réserves quand des moniales, ayant des usages identiques, leur demandèrent de prendre soin de leur vie spirituelle. La plupart durent céder devant l'insistance des moniales, soutenues par les papes et les évêques, mais ils tentèrent de limiter le nombre des monastères qui leur étaient confiés.

CHAPITRE VII

LE MONACHISME EN ORIENT

Dès le IVe siècle, le monachisme s'est répandu dans toutes les provinces de l'Empire. Chacun des fondateurs de monastère a pu légiférer selon ses idées personnelles, mais dès le début, l'exemple des Anciens et l'expérience imposèrent des usages. Et dans un Empire puissamment organisé, les autorités ecclésiastiques et laïques ne tardèrent pas à intervenir. Le droit monastique se constitua avec les canons des Conciles, les novelles des empereurs, les décisions des patriarches, les réponses canoniques, synodales et les typica, règlements proposés par les fondateurs ou les moines pour assurer l'observance et l'indépendance des monastères. Le Concile de Chalcédoine en 451 imposa aux moines des directives claires et stables. Dans cinq novelles, Justinien (527-565) fit de l'organisation monastique des lois de l'Empire.

Le plus ancien typicon a été composé par Sabas († 532) pour la grande laure de Palestine. Utilisé par Théodore († 826) pour le typikon de Stoudios à Constantinople, il a été diffusé dans de multiples directions, entre autres vers le mont Athos, où Athanase se retira, vers 960, et vers la Russie.

Dans tous les monastères d'Orient, on maintint

l'interdiction : ni eunuques ni imberbes, ce qui relègue les enfants au-dehors et place l'admission vers seize ou dix-sept ans. La formation des novices incombe à l'*higoumène,* qui peut les confier individuellement à des anciens. Justinien avait fixé la durée du noviciat à trois ans ; elle fut souvent réduite à six mois.

Le supérieur du monastère est l'*higoumène.* Il gouverne la communauté et ses biens, dont il est le seul responsable. Surtout, il est le père spirituel et le seul confesseur. L'*higoumène* est parfois nommé par son prédécesseur, plus souvent, il est élu par la communauté suivant des modes divers. Il est souvent choisi sur une liste préparée à l'avance. Beaucoup de monastères exigent qu'il soit pris dans la communauté. La confirmation par l'empereur et le patriarche est prévue assez fréquemment.

L'*higoumène* est habituellement assisté d'un conseil d'anciens. Justinien avait placé auprès de lui l'*apocrisiaire* que le IIe Concile de Nicée (787) remplaça par l'économe nommé à vie ; il administre les biens et s'occupe des relations avec les autorités civiles. Les autres charges sont plus ou moins nombreuses d'après l'importance du monastère : l'*épistémonarque* est le maître des cérémonies, l'*ecclésiarque* s'occupe de la propreté et de l'éclairage de l'église, le *domesticos* est le grand chantre, le *skevophylax* a la garde des vases sacrés, le *chartophylax* conserve les documents ; plusieurs charges concernent la nourriture, l'infirmerie, la réception des hôtes.

Le nombre des moines dans chaque monastère a été fortement exagéré. Quelques-uns n'atteignent pas la dizaine, 20 à 40 est une bonne moyenne, 80 est un chiffre exceptionnel. Sauf exception, les chiffres supérieurs sont imaginaires.

La vie commune est la règle, mais, après quelques

années, certains moines vont vivre en solitaires, *Kélliotes* ou *Hésychastes*. Beaucoup d'autres obtiennent une certaine indépendance en vivant dans une cellule individuelle et en bénéficiant de distribution d'argent, de nourriture ou de vêtement, dont ils disposent à leur guise.

Clôture toujours rigoureuse, l'entrée du monastère est interdite aux femmes, aux eunuques et aux imberbes. L'interdiction des animaux femelles fut imposée par souci de pauvreté ; les moines ne doivent pas s'enrichir par le croît du bétail.

Le Concile de Chalcédoine avait soumis les monastères à l'évêque. Il y eut des abus : le patriarche et les évêques, comme l'empereur et les familles des fondateurs, s'attribuèrent les revenus des monastères ou les donnèrent à leurs auxiliaires ; les moines réagirent en réclamant une indépendance de plus en plus complète, énoncée dans les typika.

Beaucoup moins nombreux, les monastères féminins ont aussi des typika. Les moniales élisent leur *higoumène* et leur père spirituel. La clôture est stricte, mais n'empêche pas toute sortie.

Malgré les prohibitions réitérées de Justinien et du IIe Concile de Nicée, il y eut des monastères doubles aux dispositions intérieures mal connues. Les monastères urbains étaient très nombreux dans l'Empire byzantin, plus peut-être que les monastères isolés.

La prise de Constantinople par les Turcs en 1453 n'interrompit ni la vie cénobitique en Orient ni l'évolution de son droit.

Pour la confédération des monastères de l'Athos, des typika furent rédigés en 971, 1045, 1312, 1394, 1405, 1574, 1783, 1877, 1911 et 1924.

Aux comptes rendus pessimistes des voyageurs occidentaux, il ne faut pas accorder trop de poids, car la séparation des Eglises se fit vivement sentir chez les moines. Plus sensibles à la pureté de la doctrine qu'à la charité évangélique, dépourvus de formation théologique ou historique, trop d'entre eux furent de farouches polémistes, ce qui entraîna entre moines d'Orient et d'Occident des heurts regrettables. Pourtant ils ont une tradition commune, qui remonte aux origines, et que les observateurs perspicaces reconnaissent.

Ce n'est pas un hasard si la législation de Justinien est de l'époque de saint Benoît, qui écrivit sa Règle au moment où saint Sabas rédigeait le premier typikon. Leurs biographes, Grégoire le Grand et Cyrille de Scythopolis, définissent ces deux saints par l'expression : « Il habita avec lui-même. » L'organisateur des moines de Constantinople, Théodore du Stoudios, est contemporain de l'organisateur des moines d'Occident, Benoît d'Aniane. Et dans le premier typikon de l'Athos, Athanase utilisa la Règle de saint Benoît au moment où l'Occident connaissait une étonnante résurrection de la vie monastique.

Il est souvent difficile de discerner en quel sens les influences ont joué, dans quelle mesure des usages analogues dérivent d'une même source ancienne ou du besoin de résoudre les problèmes qui se posent à toute communauté monastique. Malgré l'abondance des typika, pas plus grande que celle des coutumiers en Occident, les Orientaux insistent sur l'unité de l'*Ordo monasticus.* En effet, il garde sa spécificité par opposition aux clercs, aux fidèles et, pour l'Occident, aux religieux non moines.

CHAPITRE VIII

MALHEURS ET RENAISSANCE IXe ET Xe SIÈCLES

Les raids des Normands, les armées déferlant de l'Est, Bulgares et Hongrois, et les razzias des Sarrasins terrorisèrent les moines de l'Empire carolingien. La panique entraîna leur fuite avec les reliques des saints et les objets les plus précieux. Les moines des abbayes isolées cherchèrent refuge dans les villes, alors que ceux des monastères urbains se retiraient dans leurs domaines campagnards.

L'exode des moines avec leurs reliques entraîna de grands bouleversements, aggravés par la décomposition de l'Empire. Alors que les souverains distribuaient libéralement immunités et privilèges, sans garantie d'efficacité, les seigneurs s'appropriaient églises et monastères.

Il y eut des destructions et des ruines complètes. Pourtant, l'absence de chronique et la perte des archives n'impliquent pas toujours disparition totale, le maintien de souvenirs vivants ou de coutumes liturgiques témoignent de la persistance des communautés en ces temps difficiles.

Au nord des Alpes, vers les cours supérieurs du Rhin et du Danube, les monastères jouirent d'une grande prospérité. Leur influence sur la liturgie romaine fut profonde. Pour sortir du chaos, le pape Grégoire V (996-999) imposa en tribut à l'abbaye de Reichenau, dans une île du lac de Constance, la copie d'un sacramentaire, d'un épistolier et d'un lectionnaire. Les plus anciens manuscrits notés de chant grégorien datent de cette époque. L'école musicale de l'abbaye de Saint-Gall joua un rôle capital, mais non exclusif.

Romuald. — Des personnalités puissantes réagirent contre la simonie et le concubinage des clercs par une ascèse rigoureuse, en renforçant les prescriptions de la Règle de saint Benoît par une pratique de l'érémitisme qui se réclamait des Pères du Désert.

L'initiateur de ce mouvement fut Romuald de Ravenne, connu par les allusions de son disciple Bruno de Querfurt († 1009) et la biographie, rédigée par Pierre Damien († 1072), son compatriote, qui ne l'avait jamais rencontré, mais avait subi l'influence de ses disciples.

Fils du duc de Ravenne, Serge, Romuald naquit vers 951. Avant vingt ans, il entra au monastère de Saint-Apollinaire *in Classe*. Il le quitta peu après pour vivre en ermite, d'abord dans la lagune de Venise, puis dans les Pyrénées, auprès de Saint-Michel de Cuxa, où il avait accompagné le doge Pierre Orseolo, enfin près de Ravenne à partir de 994. En 1001, l'empereur Otton III l'obligea à accepter la charge d'abbé de Saint-Appollinaire *in Classe*. Préférant la vie solitaire, il entreprit, deux ans après, des pérégrinations en quête de solitude. Il attirait des disciples, et, quand il les trouvait assez nombreux, partait.

C'est ainsi qu'il fonda ou restaura plusieurs ermitages, le premier, dans l'île de Pereo non loin de Ravenne, d'autres, dans les Apennins, spécialement Camaldoli, qui devait devenir chef d'ordre, et Val di Castro, où il mourut le 19 juin 1027.

C'est dans l'île de Pereo qu'il reçut Bruno de Querfut, chanoine de Magdebourg. Son admiration pour Romuald ne le détourna pas de son désir d'évangéliser les païens d'Europe orientale. Ordonné évêque missionnaire, il partit pour la Pologne. Il fut massacré par les Prussiens, le 9 mars 1009.

Pierre Damien. — Né à Ravenne en 1007, Pierre Damien y fit de longues études à Faenza et à Parme. Il était professeur quand, vers 1035, il se joignit aux ermites de Fonte Avellana dans une haute vallée des Apennins. Il n'y séjourna pas longtemps, car l'abbé de Pomposa, au territoire de Ravenne, puis celui de Saint-Vincent, près de Fossombrone, obtinrent que ce savant moine vienne instruire leur communauté.

Vers 1043, Pierre Damien devint prieur de Fonte Avellana. Ayant acquis la confiance de nombreux seigneurs et de l'empereur, il fonda des ermitages et restaura des monastères. Il se lia d'amitié avec le moine Hildebrand et travailla avec lui à la Réforme de l'Eglise. Créé cardinal évêque d'Ostie par le pape Etienne IX (1057-1058), il remplit diverses missions au service du Saint-Siège, en Italie, en France et en Allemagne. Il mourut le 22 février 1072 à l'abbaye de Sainte-Marie de Faenza.

Les Camaldules. — Prenant à la lettre les passages où saint Benoît déclare qu'il écrit pour des débutants, Romuald et ses disciples prêchèrent aux moines la nécessité d'aller plus loin en devenant ermites selon une ascèse et une mystique qui doivent beaucoup aux moines grecs et aux Pères du Désert. Pour des ermites peu nombreux et fortement motivés, une législation précise aurait été inutile.

Vers 1045-1050, Pierre Damien rédigea un court opuscule sur l'ordonnance de la vie à Fonte Avellana. Habillés de blanc et portant la barbe, les ermites vivent dans les cellules, cabanes indépendantes disséminées au hasard. Ils sont seuls, sauf s'ils ont un novice à former. Les repas se prennent en cellule. Les jeûnes sont nombreux et sévères. L'occupation principale des moines est l'étude des livres saints et de leurs commentaires. Ils prient longuement. Le plus souvent, ils récitent les Heures seuls ; certains offices se célèbrent dans l'église, flanquée d'un cloître pour les processions « qui réjouissent ceux auxquels pèse l'isolement ».

L'ermitage est gouverné par un prieur. Les moines, auxquels sont assignées des obédiences pour l'administration du domaine, résident près de l'église avec des laïques, qui mènent une vie quasi religieuse, non érémitique.

L'observance de Camaldoli se distingua par la construction, au bas de la montagne, d'une maison, qui servait à la fois de lieu de repos pour les ermites, d'hospice pour les visiteurs et de centre administratif. Il y a eut deux prieurs, l'un à l'ermitage, qui avait l'autorité suprême, l'autre à la maison d'en bas, monastère cénobitique. Celui-ci débarrassait les ermites de tout ce qui pouvait empêcher la contemplation : formation des novices, soin des malades, rapports avec l'extérieur, administration temporelle. Dans les Constitutions qu'il rédigea vers 1080-1084, le quatrième prieur de Camaldoli, Rodolphe, prévoit qu'en bas on apprend aux arrivants la vie régulière telle que la prescrit saint Benoît. Lorsqu'ils la connaissent bien, ainsi que les observances particulières à l'Ordre, avec la permission du prieur, ils se retirent à l'ermitage.

La vocation d'ermite a toujours été exceptionnelle. L'Ordre des Camaldules se composa en fait de congrégations de cénobites prospères et puissantes et de congrégations d'ermites beaucoup moins nombreuses. Il compta de nombreuses personnalités de premier plan dans les domaines les plus variés. Gratien, compilateur du Décret, base du droit canonique, était camaldule.

Vallombreuse. — Jean Gualbert avait environ dix-huit ans quand, vers 1013, il entra au monastère de San Miniato, près de Florence. Quelques années plus tard, l'abbé ayant été élu par simonie, Jean Gualbert, sur le conseil d'un ermite, se rendit à Camaldoli. Il n'y trouva pas sa voie et, réagissant contre la propagande en faveur de l'érémitisme, se retira, vers 1035, à Vallombreuse, où il organisa la vie cénobitique selon la Règle de saint Benoît. Pour concilier l'éloignement du monde avec les devoirs de l'hospitalité, il créa à quelque distance de l'abbaye un hospice tenu par de pieux laïcs. Jean Gualbert mourut le 12 juillet 1072.

Vie érémitique tempérée par des observances cénobitiques à Camaldoli, vie cénobitique intégrale à Vallombreuse, ces deux Ordres italiens annoncent la Chartreuse et Cîteaux.

Chapitre IX

CLUNY

Les grands abbés. — Ayant fondé un monastère dans sa villa de Cluny, le comte d'Auvergne et duc d'Aquitaine, Guillaume III, le confia le 11 septembre 910 à « l'abbé Bernon, pour y présider selon son savoir et son pouvoir, tant qu'il vivra ». Il amena à Cluny douze moines, six de Gigny et six de Baume, qui, au dire du moine Jean, biographe de l'abbé Odon, étaient des imitateurs du « P. Euticus ». Il faut reconnaître sous ce nom Witiza, devenu Benoît d'Aniane. Grand seigneur, Bernon († 927) légua ses abbayes à deux héritiers. Abbé de Cluny, Odon désigna son successeur Aymard avant de partir pour Tours, où il mourut le 18 novembre 942. Dès 948, Aymard, devenu aveugle, prit conseil des frères pour le choix de son remplaçant, Maïeul. En 994, celui-ci agit de même pour l'élection d'Odilon. A la mort de ce dernier (31 décembre 1048), les moines élirent leur abbé par acclamation, sans l'intervention du prédécesseur. Hugues de Semur gouverna jusqu'en 1109. Pons de Melgueil démissionnaire, fut remplacé en 1123 par Pierre le Vénérable, qui mourut en 1157.

L'abbaye de Cluny et son domaine. — Des régisseurs laïques auraient indubitablement accaparé les terres à eux affermées, les abbés de Cluny constituèrent 32 doyennés ruraux, vastes exploitations agricoles confiées à des moines, sans autonomie financière.

Selon leur strict idéal de vie monastique, les moines de Cluny restèrent autant que possible séparés du monde, écartant l'éducation des enfants et le ministère pastoral. L'abbaye n'eut droit de patronage que sur quelques paroisses très petites, à l'exception de celles de la ville de Cluny.

L'abbaye de Cluny acquit vite une grande renommée. Pour faire connaître leur observance, les moines rédigèrent leurs coutumes dès le début du XIe siècle, au temps de l'abbé Odilon. Les deux coutumiers composés au temps d'Hugues de Semur, l'un par Bernard, vers 1070, l'autre par Ulrich, vers 1080-1083, sont les plus longs qui aient jamais été écrits. Ces coutumiers décrivent la vie quotidienne du monastère en s'étendant longuement sur l'ordonnance des cérémonies liturgiques ; ils ne s'occupent nullement des rapports des monastères entre eux. Leur influence s'étendit à beaucoup de monastères,qui n'eurent aucun lien juridique avec Cluny.

L'Ordre de Cluny. — Dès 931, reconnaissant la valeur de l'abbé Odon, le pape Jean XI lui donna le droit de prendre sous son autorité tous les monastères dont il voudrait restaurer la discipline. L'autorisation plusieurs fois renouvelée, les abbés Odon et Maïeul intervinrent dans de nombreuses abbayes en France et en Italie.

Le principe de l'autonomie des monastères n'était pas discuté, la communauté de Cluny n'était d'ailleurs pas assez nombreuse pour fournir du personnel à de multiples monastères. L'abbé de Cluny prenait provisoirement la direction de ceux qu'il devait réformer.

Quand il avait établi l'observance et fait élire un abbé, il partait sans garder aucune autorité. Aussitôt les abus resurgissaient. L'abbé Odilon (994-1048) en conclut qu'il ne devait pas laisser à elles-mêmes les abbayes qui lui avaient été confiées : le cumul, qui avait été une solution provisoire, devint une institution.

L'abbé Hugues (1049-1109) procéda parfois à des annexions contre la volonté des moines, ce qui accentua le malaise en un temps où les réformateurs, défenseurs du droit, convaincus que le temps des unions personnelles était révolu, luttaient victorieusement contre les cumuls d'évêchés et d'abbayes. Par une bulle du 15 novembre 1100, le pape Pascal II résolut la difficulté en supprimant le titre abbatial de la plupart des abbayes soumises à l'abbé de Cluny. Ainsi se constitua l'*ordo cluniacensis,* qui groupait des monastères de statuts différents : une vingtaine d'abbayes, dont plusieurs s'affranchirent rapidement, et un très grand nombre de prieurés d'importance inégale. La grosse majorité avait de deux à quatre moines. Une centaine dépassait le nombre de huit moines, quelques-uns arrivant à la trentaine, à la soixantaine dans les « cinq filles » : la Charité-sur-Loire, Saint-Martin-des-Champs à Paris, Lewes en Angleterre, Souvigny et Sauxillanges. Pour toutes ces dépendances, le chiffre de 1184, souvent proposé, est exagéré, s'il s'agit de monastères où l'office divin était célébré régulièrement, beaucoup trop faible s'il englobe les propriétés.

Les chapitres généraux et les visites. — Les abbés de Cluny qui, dès les origines, réunissaient autour d'eux abbés et prieurs, furent ensuite contraints d'organiser des chapitres généraux à la manière des Cisterciens.

Dans ses statuts promulgués le 29 octobre 1200, l'abbé Hugues V d'Anjou décida que « chaque année serait célébré à Cluny un chapitre général de tous les Prieurs, tant conventuels que moindres, où, sans acception de personnes, selon la Règle de saint Benoît et les institutions de l'Ordre de Cluny, on corrigerait les excès des délinquants, on traiterait du salut des âmes, de la conservation de l'Ordre et de la sauvegarde des maisons ; on statuerait ce qu'il faudrait ».

L'organisation du chapitre général fut assez lente : de la première moitié du XIIIe siècle, il ne reste que des traces. Les procès-verbaux commencent en 1259.

Le chapitre général désignait deux visiteurs, qui se rendaient deux par deux dans tous les monastères et rédigeaient des comptes rendus. Ils examinaient les personnes et les bâtiments, enquêtaient sur l'office divin, l'hospitalité et l'aumône, notaient la situation matérielle, les difficultés avec les voisins et tous les faits dignes de remarque. Ils décrivaient les situations avec franchise et clarté, donnant une idée exacte et concrète de la vie des monastères clunisiens. Cette mine inépuisable de renseignements a été éditée de 1965 à 1979, en 9 volumes, par Dom Charvin et Dom Gazeau, moines de Ligugé.

La direction effective de l'Ordre de Cluny passa au chapitre général et aux définiteurs élus par lui. Leurs délibérations préparèrent la rédaction des statuts promulgués au nom de l'abbé de Cluny en 1276, 1301, 1314, 1399, 1458 et 1600.

Grand personnage dans l'Eglise et dans l'Etat, l'abbé de Cluny n'intervenait guère dans les affaires des monastères qui jouissaient d'une large autonomie, tout en gardant conscience d'appartenir à un Ordre illustre. En dépit de quelques déficiences vigoureusement dénoncées lors des visites et des chapitres généraux, l'office divin était bien célébré, l'administration sage. Le goût artistique des moines de Cluny fut très sûr tout au long de leur histoire aussi bien dans les vastes constructions et les décorations luxueuses que dans les édifices modestes, construits avec les matériaux les plus simples.

Les moniales clunisiennes. — Auprès de l'abbaye de Cluny, il y avait des *conversae ;* en 1056, l'abbé Hugues entreprit à Marcigny-sur-Loire la construction d'un monastère de femmes, qui ouvrit en 1061. On y observait les coutumes clunisiennes avec une clôture stricte. Les moniales atteignirent bientôt la centaine. A côté d'elles, douze moines étaient affectés à leur direction spirituelle et à l'administration. Leur Prieur, nommé par l'abbé de Cluny, avait juridiction sur les moniales. L'Ordre de Cluny compta une dizaine de prieurés de moniales en France et autant dans les pays voisins.

CHAPITRE X

CÎTEAUX

Dans l'Ordre monastique, l'Ordre cistercien tient une place éminente par la rapidité de sa propagation, le nombre de ses abbayes et leur qualité artistique, l'abondance des moines, le prestige de certains d'entre eux et surtout de saint Bernard, la clarté et la qualité de ses institutions. L'Ordre cistercien a réalisé un idéal monastique mieux défini que ceux des moines qui l'ont précédé, bien que leurs traditions se soient longtemps maintenues. Malheureusement les institutions cisterciennes ont été souvent présentées comme l'unique idéal, théorie inexacte qui calomnie les moines noirs et supprime l'originalité des moines blancs. La présentation de l'Ordre de Cîteaux est l'occasion de décrire les coutumes des autres moines dont les différences légitimes apparaissent par comparaison.

Robert de Molesme. — Né vers 1028, de la famille des comtes de Tonnerre, Robert était adolescent quand il devint moine à Montier-la-Celle, près de Troyes. Il était prieur claustral dès 1050. Vers 1068, les moines de Saint-Michel de Tonnerre l'élirent abbé. Il ne s'y plut pas. En 1073, il était prieur à Saint-Ayoul de Provins, dépendant de son abbaye de Montier-la-Celle.

Des ermites de la forêt de Colan cherchaient un maître spirituel, il se mit à leur tête et fonda à la fin de 1075 l'abbaye de Molesme. En 1101, celle-ci possédait déjà 67 autels dans le seul diocèse de Langres. La pancarte pontificale de 1145 énumère 150 églises paroissiales. Les prieurés dépendants dépassèrent la soixantaine, près de quarante avaient été fondés avant 1098. Ce succès rapide ne correspondait pas aux désirs de vie pauvre et simple de Robert : il se retira dans un petit prieuré. Le pape Urbain II lui ordonna de reprendre sa place à l'abbaye.

La fondation du nouveau monastère. — Au début de 1098, Robert obtint du légat Hugues, archevêque de Lyon, la permission de tenter un nouvel essai. Avec 21 compagnons, il choisit à une vingtaine de kilomètres au sud de Dijon, au nord du diocèse de Chalon-sur-Saône, le site de Cîteaux, où, le 21 mars 1098, il implanta « le nouveau monastère ». D'après les chartes, le vicomte Renard de Beaune donna, en 1098, dans l'alleu de Cîteaux, le terrain nécessaire à la construction d'un monastère et de ses dépendances ainsi qu'à la subsistance des moines. Le lieu n'était pas désert, puisque le vicomte excluait de sa donation deux serfs et une serve qu'il maintenait sur place, et dont les moines ne purent se débarrasser qu'entre 1134 et 1143.

Dès 1098, le duc de Bourgogne, Eudes, ajouta des terres et accorda les droits d'usage dans ses forêts ; à Noël, il donna la prestigieuse vigne de Meursault. A cela s'ajoutèrent les dons des voisins, moines noirs de Saint-Bénigne de Dijon, de Saint-Germain-des-Prés à Paris, de Saint-Vivant de Vergy, de Saint-Jean d'Angely, chanoines de Notre-Dame de Beaune et nombreux petits seigneurs. En 1112, les moines créaient le cellier du Clos Vougeot.

Etienne Harding. — Les moines restés à Molesme n'avaient pas admis le départ de leur abbé, Robert reçut l'ordre d'y revenir dès l'été 1099. Il y mourut le 17 avril 1111. Son disciple Aubri prit la direction de Cîteaux, amoindri par le départ de plusieurs des premiers compagnons. Il mourut le 26 janvier 1108. Etienne Harding fut élu. C'était un noble anglais, moine de l'abbaye de Sherborne, venu à Paris pour étudier. Au retour d'un pèlerinage à Rome, il passa à Molesme et y resta. Il désirait une observance simple. En 1098, il accompagna Robert au nouveau monastère. Abbé en 1108, il démissionna en 1133 et mourut le 28 mars 1134.

La charte de charité. — Il n'y avait que trois ou quatre ans qu'Etienne Harding était abbé de Cîteaux quand affluèrent les novices dont le plus illustre fut Bernard de Fontaines. Cîteaux essaima en 1113 à La Ferté et en 1114 à Pontigny ; les deux fondations de 1115 définirent deux tendances qui se sont toujours maintenues, Clairvaux rigoriste et Morimond humaniste.

La Règle de saint Benoît ignore les liens entre les monastères. Les fondateurs de Cîteaux ne voulaient pas de petits prieurés où l'Office divin ne pouvait être assuré. Obligé de mettre à la tête des nouveaux monastères de jeunes abbés sans expérience, Etienne Harding ne pouvait rompre avec eux. Ils avaient appartenu au Chapitre de Cîteaux, ils furent invités à s'y rendre une fois l'an pour s'accuser de leurs manquements et s'entendre sur l'observance. Dès 1118, les quatre filles de Cîteaux fondaient à leur tour. L'augmentation du nombre des abbés, dont plusieurs n'avaient jamais été moines de Cîteaux, obligea à réunir les abbés en dehors du chapitre de l'abbaye et à préciser leurs pouvoirs : en 1119, la « charte de charité » fut mise au point et approuvée par le pape Calixte II. Les abbés gardaient l'autonomie financière et administrative, mais chacun était soumis à la visite annuelle de son abbé Père (celui de l'abbaye fondatrice). Tous devaient venir chaque année au Chapitre général réuni à Cîteaux, suprême corps législatif et judiciaire.

Législation cistercienne. — Pour maintenir l'unité d'observance, il s'avéra nécessaire de codifier les us et coutumes pratiqués à Cîteaux : les *Ecclesiastica officia* traitant des fonctions litugiques, les *Usus conversorum* regroupant les décisions concernant les convers, et les *Instituta capituli generalis,* collection dite de 1134. Ces recueils furent mis à jour entre 1183 et 1188. L'abbé de Cîteaux, Arnaud Amaury, refondit toute cette législation selon un plan systématique dans le *Libellus definitionum* achevé en 1202. Sur le même plan, il fut révisé en 1220, 1237, 1257, 1289, 1316 et 1350. Des statuts de réforme furent élaborés en 1494, 1601 et 1783.

Office divin et travail. — La copie des livres, exécutée sur place, peut s'interrompre dès que la cloche sonne ; c'est un travail adapté à l'horaire du monastère. Aux rudes travaux de force qui permettent des évocations romantiques sur le travail des moines, il n'est pas possible d'accorder plusieurs heures par jour si les moines doivent assurer la célébration de l'Office, la *lectio divina* et les charges de la vie commune.

A l'office réglé par saint Benoît s'étaient ajoutées de nombreuses prières à des intentions variées, mais dans les petits prieurés et les dépendances, dépourvus des livres nécessaires au chant de l'office, les moines se contentaient de réciter par cœur des psaumes accompagnés de versets et d'oraisons. Les Cisterciens posèrent en principe la célébration de l'office tel qu'il est décrit dans la Règle de saint Benoît, selon des rubriques communes à tout l'Ordre, sans surcharge et sans dispense.

Etienne Harding s'appliqua à constituer une bibliothèque avec les œuvres des Pères, d'abord Grégoire le Grand et Jérôme, puis Ambroise et Augustin. Pour améliorer le texte de la Bible latine, il interrogea des rabbins.

La pauvreté exigeait la simplicité et le bon goût, de règle dans tous les monastères du temps. (Les manuscrits luxueux appartenaient aux collections impériales ou royales). Pour la décoration des manuscrits, Etienne Harding accepta une certaine fantaisie et l'emploi discret de l'or. A Clairvaux, Bernard adopta radicalement un parti de sobriété dans la décoration et l'emploi des couleurs avec l'interdiction absolue de l'or. Il obtint une qualité remarquable de l'écriture, qui atteignit une uniformité telle qu'il est difficile de discerner les changements de main. Les chapitres généraux de l'Ordre de Cîteaux se rallièrent lentement aux impératifs de saint Bernard. On garda les manuscrits décorés anciennement et on s'accommoda de nombreuses exceptions.

La personnalité de Bernard de Clairvaux et la solide organisation de Cîteaux attirèrent des communautés récentes à la recherche d'une structure : l'Ordre de Savigny en Normandie, fondé en 1112, comptait déjà 29 monastères lors de son entrée dans l'Ordre cistercien en 1147. Les principes de la propriété cisterciennne ne furent pas strictement appliqués : en 1187, l'abbaye de Savigny avait 15 granges et 28 églises dans 6 diocèses.

En conservant son autonomie, l'Ordre cistercien s'adapta aux besoins nouveaux. Toutes les abbayes possédèrent des maisons de ville pour l'administration, le commerce et l'instruction : en 1182, Cîteaux possédait 6 granges, 3 celliers et des maisons à Dijon et à Beaune ; dès 1246, Clairvaux fonda à Paris un collège, qui fut, jusqu'à la Révolution, fréquenté par des moines de tout l'Ordre cistercien.

Les convers. — On a prétendu que les convers avaient été institués dans les anciennes abbayes parce que les moines surchargés de prières adventices et préférant le travail intellectuel avaient voulu se décharger du travail manuel. Mais l'organisation de la classe des convers est tellement étrangère à l'ancien monachisme que dans le *Dialogue entre un clunisien et un cistercien,* le second doit expliquer au premier ce que sont les convers.

Le chapitre XV du Petit Exorde, qui fut probablement rédigé en 1151, se présente comme le manifeste des premiers Cisterciens ; il expose clairement pourquoi les convers parurent indispensables.

« Ayant méprisé les richesses de ce siècle, les nouveaux soldats du Christ, pauvres avec le Christ pauvre, commencèrent à se demander par quels moyens ils pourraient se soutenir et recevoir les hôtes riches et pauvres que la Règle prescrit de recevoir comme le Christ. Ils décidèrent qu'ils recevraient, avec la permission de leur évêque, des laïques convers portant la barbe, et qu'ils les traiteraient en tout comme eux-mêmes durant leur vie et à leur mort, à l'exception du monachat. Ils emploieraient aussi des mercenaires. Les moines ne pensaient pas pouvoir sans leur soutien observer pleinement de jour et de nuit les préceptes de la Règle. »

Amniculus, traduit habituellement par soutien, désigne littéralement les échalas de la vigne ; l'image est particulièrement bien choisie dans un pays de vignobles.

Etienne Harding avait constaté que la gestion d'une exploitation agricole importante réclame une attention constante. Les moines qui dirigeaient les doyennés ruraux clunisiens ne passaient à l'abbaye que le samedi et le dimanche. Pour les premiers Cisterciens, les moines ne pouvaient être dispensés du chœur. Parmi les novices, il y avait des clercs, qui avaient pratiqué l'office divin en latin, et des laïques, dont la plupart ne savaient pas lire, mais qui voulaient mener une authentique vie religieuse. Etienne Harding leur donna un statut spécial : celui de moine « à l'exception du monachat », ce qui, paradoxalement, signifiait qu'ils mèneraient la vie monastique sans les droits et les devoirs liés à la cléricature : ils ne seraient pas astreints au grand office ; de courtes réunions de prières, essentiellement des *Pater,* rythmeraient leur journée de travail. Ils n'auraient pas voix au chapitre puisque les réformateurs grégoriens excluaient les laïques des affaires ecclésiastiques et qu'on considérait comme telles l'administration du monastère et surtout l'élection de l'abbé.

Les convers pouvaient sans inconvénient passer la semaine dans une grange, vaste exploitation agricole de plusieurs centaines d'hectares où ils dirigeaient les ouvriers salariés. L'institution des convers ne fut pas l'effet de la paresse, du mépris du travail manuel ou d'une décadence, mais le désir positif d'une forme de vie religieuse adaptée aux laïques. Son succès fut immédiat. Les vocations de convers affluèrent de toutes les classes de la société. Des nobles illettrés préféraient la vie active à de longs offices, des clercs appréciaient tellement cette possibilité qu'ils dissimulaient leur caractère pour être convers. Bientôt la légende grossit exagérément le nombre des convers et en attribua plusieurs centaines à certaines abbayes, chiffres qu'aucun document ne vient confirmer. Les premiers convers avaient été des administrateurs de granges ; d'autres furent des artisans habiles ; tous avaient des responsabilités dans leur travail.

L'évolution du statut des convers ne fut pas toujours heureuse. On admit des vocations douteuses. Les moines voulurent restreindre les responsabilités. Les mésententes engendrèrent de nombreuses révoltes à la fin du XIIe siècle et au début du XIIIe. Le statut des convers perdit une grande part de ses qualités primitives.

L'emplacement des monastères. — D'après le chapitre XV du Petit Exorde composé en 1151, les premiers Cisterciens « savaient que saint Benoît n'avait pas construit dans les cités ni dans les châteaux ou dans les villages, mais dans des lieux éloignés des hommes. Ils se promirent de l'imiter ». Les Cisterciens interprétaient, puisque la *Règle de saint Benoît* n'a aucune prescription sur l'emplacement des monastères, et que seule sa *Vie* mentionne l'implantation de Subiaco et du Mont-Cassin. A la fin du XIe siècle, les abbayes établies près de sanctuaires vénérés s'élevaient dans les faubourgs des villes où elles avaient attiré les foires, l'artisanat et le commerce. Les abbayes isolées étaient devenues des centres de peuplement et d'évangélisation. Les prieurés étaient disséminés un peu partout, le plus souvent au centre des villages. Les moines de Cluny auraient préféré un certain isolement, ils ne purent guère échapper aux habitudes du temps.

Etienne Harding, qui gouvernait sans faiblesse, s'occupa personnellement des fondations. Avant d'envoyer des moines, il allait sur place, et choisissait un terrain plat, abondamment pourvu d'eau, et même très humide, à proximité d'une forêt contribuant à l'isolement. En 1115, il ne put accompagner Bernard. Celui-ci préféra une vallée étroite, le *Val d'absinthe,* qu'il appela Clairvaux. Il exprima son désir d'ascétisme en citant un verset du Cantique de Moïse : « *in loco horroris et vastae solitudinis* », « dans un lieu d'horreur et de vaste solitude ». De là, naquit la légende des abbayes cisterciennes délibérément fixées dans des lieux malsains. En fait, nombre d'entre elles, implantées où il y avait une possibilité, furent déplacées après quelques décennies. Les domaines furent soigneusement constitués. Ces abbayes ne furent pas des centres de peuplement, les moines s'opposant à la construction de maisons à proximité.

L'extension de l'Ordre cistercien. — La recherche de formes nouvelles de la vie monastique avait touché tout l'Occident d'une façon si violente que les historiens emploient l'expression « crise du cénobitisme ».

Les fondateurs de Cîteaux avaient cherché à mener une vie simple aussi proche que possible de celle que sa *Vie* et sa *Règle* prêtent à saint Benoît ; leurs successeurs avec Bernard de Clairvaux ajoutèrent la tradition des Pères du Désert et insistèrent sur l'ascèse.

Les moniales de Jully. — Alors que Robert cherchait à établir dans la forêt de Molesme une nouvelle formule de vie religieuse, quelques femmes vinrent le rejoindre. Il les accueillit comme *conversae*. Son successeur Guy de Châtel-Censoir les réunit à Jully (Yonne). Quand sous l'impulsion de Bernard, de jeunes chevaliers, dont quelques-uns était mariés, se présentèrent à Cîteaux, la sœur de Bernard et les épouses de ses compagnons se retirèrent à Jully. Le service divin et l'administration temporelle étaient confiés à des moines de Molesme, le prieur et le chambrier étant élus par les moniales. Des conflits éclatèrent quand l'abbé de Molesme refusa de se conformer à leurs désirs. L'élection fut retirée aux moniales qui ne gardèrent que le droit de réclamer, quand le moine envoyé par l'abbé ne leur plaisait pas.

Les moniales cisterciennes. — Les moniales de Jully suivaient avec ferveur les progrès de Cîteaux. Vers 1165, quelques-unes vinrent s'établir à Tart à une douzaine de kilomètres au nord-est de Cîteaux et en adoptèrent les Coutumes. Elles furent imitées par les moniales associées à la Congrégation de Savigny, unie à Clairvaux en 1147, et les moniales de Las Huelgas près de Burgos.

A l'imitation de Cîteaux, les abbesses de Tart et de Las Huelgas organisèrent des Chapitres généraux et des visites. Le Chapitre général de Cîteaux en 1191 (27) écrivit au roi de Castille qu'il avait beaucoup d'estime pour ces chapitres mais qu'il n'avait pas le pouvoir d'obliger les abbesses à s'y rendre.

Malgré ses réticences, le Chapitre général de Cîteaux ne put éluder la responsabilité des moniales. En 1213 (3), il exigea la clôture tant pour les moniales déjà affiliées que pour celles qui voudraient être incorporées. Celui de 1228 (15-17) légiféra pour imposer des restrictions : limitations impératives des services rendus par les moines, défense aux abbesses d'intervenir lors des visites faites par des abbés ou de les contredire ensuite, difficultés accrues pour les affiliations.

Les premières codifications du droit cistercien en 1202 et 1220 ignoraient les moniales, celles de 1237 et de 1257 leur consacrèrent la distinction XV. Tous les points importants furent traités : incorporation, visite, clôture, vêtement, noviciat, profession, droit pénal.

Les abbés cisterciens ne voulaient pas charger leurs monastères. Ils instituèrent donc des Frères, clercs et convers, affectés spécialement et uniquement aux abbayes de moniales. Le dernier paragraphe de la distinction XV décrit leur profession : l'abbesse assise tient sur ses genoux le Livre de la Règle sur laquelle les Frères posent la main en promettant obéissance jusqu'à la mort.

A cause de la résistance du Chapitre général, beaucoup de monastères de femmes qui avaient adopté les usages cisterciens ne furent jamais agrégés à l'Ordre. Le Chapitre général ne put empêcher les abbayes qui lui étaient soumises de s'appliquer comme les autres à l'éducation des filles, ce qui leur apportait un important recrutement.

CHAPITRE XI

LES ORDRES ÉRÉMITIQUES

Chartreuse. — Né à Cologne vers 1030-1035, Maître Bruno devint écolâtre de Reims au temps de l'indigne évêque Manassès. Il lutta jusqu'à sa déposition, et se retira ensuite auprès de l'abbé de Molesme, Robert, qui l'installa à quelques lieues dans le domaine de Sèche-Fontaine. Un an plus tard, en 1084, il se rendit à Grenoble où l'évêque Hugues, qui avait voulu être moine à l'abbaye de la Chaise-Dieu, venait de rentrer sur l'ordre formel du pape. Hugues conduisit Maître Bruno et ses six compagnons dans les montagnes de Chartreuse.

Quatre ans plus tard, Urbain II appela à Rome son ancien maître. Bruno obéit. Après deux ou trois ans, il se dirigea vers la Calabre où il mourut le 6 octobre 1101. Les disciples qu'il avait laissés en Chartreuse s'étaient dispersés ; Landuin, qui l'avait accompagné à Rome, reconstitua l'ermitage.

Le cinquième prieur, Guigues, s'était lié d'amitié avec le prieur de Domène, qui, en 1122, devint abbé de Cluny, Pierre le Vénérable. Sur son conseil, trois prieurs d'ermitages du Bugey demandèrent à Guigues quels étaient les usages de Chartreuse : celui-ci rédigea ses *Coutumes*. Il a utilisé avec discernement la doctrine des maîtres spirituels, les usages des moines et les aspirations érémitiques du mouvement camaldule, en restant fidèle à la tradition de Maître Bruno. Ses *Coutumes,* d'une qualité éminente, décrivent la vie en Chartreuse : 41 chapitres concernent les moines, et 35, « les laïques appelés convers » ; les trois derniers regroupent les prescriptions communes et s'achèvent sur l'éloge de la vie solitaire.

Le « désert » de Chartreuse. — Choisissant le fond d'une vallée, les Chartreux en marquaient les limites pour reconstituer leur « désert », domaine de plusieurs milliers d'hectares de forêts, pâturages et cultures. Pour y vivre dans le silence et la paix, ils revendiquaient le privilège d'en devenir les seuls possesseurs, mais, pour éviter un enrichissement infini, ils s'abstenaient de propriété extérieure, sauf exceptions pour les vignes, exigeant un climat plus doux, et les pâturages, nécessaires aux grands troupeaux. Un seul chemin, facile à barrer, suivait la vallée pour conduire à la maison basse ou correrie, où résidaient les convers, puis à la maison haute, entourée des cellules des Pères.

Les deux maisons avaient chacune leur église. A la maison basse se trouvaient les ateliers et les étables. C'est là qu'on recevait les visiteurs et qu'on traitait les affaires. La maison haute comportait, autour du petit cloître, l'église pour l'office de nuit, la messe et les vêpres, le chapitre et le réfectoire, qui n'était utilisé que le dimanche ; autour du grand cloître, les cellules des moines, chacune comprenant un atelier et un bûcher en bas, deux pièces à l'étage, avec un petit jardin, flanqué d'une galerie couverte. Dans leur cellule, les Chartreux priaient longuement et travaillaient essentiellement à la copie des livres. Ils se constituèrent rapidement de bonnes bibliothèques. Ils étaient clercs, et l'usage de les élever tous au sacerdoce fut suivi de bonne heure. Suivant l'ancienne tradition monastique, le prieur du monastère était élu par les moines. Il ne porta jamais le titre d'abbé.

Les convers. — Les convers formaient une communauté distincte. Ils se réunissaient à l'église de la maison basse pour de courts offices composés de *Pater*. La moitié d'entre eux se rendait à la maison haute le dimanche pour assister à la messe et à l'office des moines. Les *Coutumes* accordaient aux convers la responsabilité des ateliers, des cultures et des troupeaux, et leur confiaient le soin de passer des contrats.

Après un noviciat d'un an, le nouveau était admis à la profession sur l'avis des convers, au milieu desquels il avait vécu. Cette sagesse évita aux Chartreux les révoltes nombreuses à la fin du XIIe siècle. Cependant, dès cette époque, les Chartreux utilisèrent les services de familiers sans vœux, « les donnés ». Le Chapitre général de 1294 déclara que le prieur n'était pas obligé de tenir compte de l'avis des convers pour recevoir un novice. Lors de la refonte des Statuts, en 1582, toute allusion à l'avis des convers disparut. Le Chapitre général de 1679 décida qu'il faudrait avoir été « donné » pendant cinq ans avant de devenir convers et supprima les maisons basses ou correries. Ainsi disparut l'institution primitive.

Chapitres généraux et Statuts. — Septième prieur de Chartreuse, Anthelme convoqua, en 1141, les prieurs des ermitages qui suivaient les Coutumes de Guigues. En 1155, cette réunion devint annuelle. Ainsi naquit le Chapitre général de l'Ordre des Chartreux, dont l'importance alla croissant pour le maintien de la régularité et l'évolution de la législation. Après des conflits qui opposèrent les maisons d'origine diverse, l'unification s'accentua.

Anthelme ajouta deux suppléments aux Coutumes de Guigues. Basile, en 1170, et Jancelin, en 1222, les complétèrent par des Statuts. Bernard de La Tour, en 1248, promulgua le *De reformatione* pour corriger divers abus. En 1259, Riffier promulgua les *Statuta antiqua,* compilation de toute la législation antérieure, suivant le plan de Guigues largement développé. Puis parurent deux suppléments : les *Statuta nova* de Guillaume Raynal, en 1368, et la *Tertia compilatio* de François du Puy, en 1509. Les statuts de 1582 furent une refonte totale du droit cartusien.

La stabilité de l'Ordre fut protégée par le *numerus clausus* imposé par Guigues, nul prieur ne pouvant accepter plus de 12 pères et 16 convers. Dans la suite, plusieurs chartreuses eurent un *conventus duplex* (24 moines) et la Grande Chartreuse un *conventus triplex* (36 moines). L'Ordre progressa lentement. A la fin du XIIe siècle, il comptait 36 maisons. 33 furent fondées au XIIIe siècle, 105, au XIVe, et 45, au XVe. Le maximum fut atteint en 1514 avec 190 chartreuses, plus 6 de moniales. La Réforme protestante, puis les révolutions les supprimèrent presque toutes : en 1810, il en restait 8, dont une de moniales.

Moniales chartreuses. — Le dernier Chapitre des *Statuta antiqua* de Chartreuse (3^{a} pars, c. 34) rédigé en 1259 traite en dix articles des moniales. Il insiste sur l'obéissance due au Chapitre général. Celui-ci, malgré ses réticences, avait accepté de prendre en charge les moniales de Prébayon, entre Vaison et Orange. Elles avaient à leur service des clercs et des convers, mais ne communiquaient avec le Chapitre général que par l'intermédiaire des visiteurs ou des prieurs. Dans les

Statuta nova de 1368, le Chapitre sur les moniales (3ª pars, c. 4) est développé en 29 articles : à cette époque, un vicaire envoyé par le Chapitre général reçoit la promesse d'obéissance des moines, des convers et des rendus qui résident sur place (3ª pars, c. 4, 3). Il détient beaucoup de pouvoirs bien qu'il n'intervienne dans le gouvernement de la maison que lorsqu'il en est requis (c. 4, 12). La *Tertia compilatio* de 1509 ajouta des précisions spécialement pour limiter les admissions de novices aux possibilités financières (c. 12, 1) et séparer plus rigoureusement les moniales des religieux à leur service (c. 12, 11).

Grandmont. — A partir du XIIIe siècle, les Chartreux prétendirent échapper entièrement à la Règle de saint Benoît, idée déjà énoncée par un autre ordre érémitique, Grandmont.

Pendant quarante-six ans, vécut à Muret près d'Ambazac (Haute-Vienne) un rude ermite se contentant de bouillie de seigle. Après sa mort, en 1124, ses disciples se transportèrent non loin de là sur les collines boisées de Grandmont. Le quatrième prieur, Etienne de Liciac (1139-1163), écrivit la *Vie* du fondateur et, en s'inspirant de ses sentences, une Règle qu'il prétendit rattacher à l'Evangile par-dessus les Règles de Basile, Augustin et Benoît. Les légendes des origines furent complétées par des actes fabriqués de toutes pièces.

Peuplées de 10 à 15 religieux, les celles des Grandmontains furent construites au milieu des bois, sans accès facile, toutes sur le même plan, avec une église longue et étroite, richement décorée. L'administration du temporel était entièrement confiée aux convers, qui ne devaient accepter ni revenus fixes ni troupeaux, et ne pouvaient ester en justice.

Dans la seconde moitié du XIIe siècle, l'Ordre de Grandmont se répandit dans le centre et l'ouest de la France et en Angleterre. Il compta jusqu'à 150 celles.

Les moines tentèrent de retirer aux convers l'administration, ceux-ci se révoltèrent en 1185-1188, puis en 1214-1220. Les papes essayèrent de donner à l'Ordre une structure inspirée de l'organisation cistercienne. En 1317, Jean XXII érigea Grandmont en abbaye et regroupa les moines dans 30 prieurés. L'ordre se maintint jusqu'au XVIIIe siècle.

Les Ordres érémitiques et la Règle de saint Benoît. — Quatrième prieur de Grandmont, Etienne de Liciac (1139-1163) écrivit dans le prologue de la Règle : « ... on parle de la Règle du bienheureux Augustin, de la Règle du bienheureux Benoît. Elles ne sont pas l'origine de la religion, mais ses rejetons... Il y a une Règle des Règles d'où toutes les autres dérivent, comme des ruisseaux d'une source unique, l'Evangile... » Au XIIe siècle la curie romaine a toléré que l'Ordre de Grandmont n'entre pas dans l'organisation générale des Ordres religieux, et ne se réfère à aucune des Règles anciennes. Les Chartreux ne voyaient alors pas plus d'inconvénient que les ermites que sont les Camaldules à être rangés sous la Règle de saint Benoît. Plusieurs bulles du XIIe siècle conservées en original placent les Chartreux dans l'*ordo monasticus* sous la Règle de saint Benoît avec leur institution propre. On passait alors facilement du cénobitisme à l'érémitisme, l'évolution du bas Moyen Age les sépara rigoureusement.

Chapitre XII

LES ORDRES DE MONIALES EN FRANCE

Le XIIe siècle vit se développer des abbayes de femmes indépendantes des Ordres d'hommes.

Fontevraud. — Né vers 1047, Robert d'Arbrissel fut étudiant à Paris, archidiacre de Rennes, maître en théologie à Angers, prédicateur itinérant. En 1091, il fonda à La Roë (Mayenne) un monastère d'hommes sous la Règle de saint Augustin. Ses prédications lui amenant des foules de disciples, il les établit en 1099 à Fontevraud (Maine-et-Loire) dans le diocèse de Poitiers, aux confins de l'Anjou et de la Touraine. Le succès fut immédiat, Robert d'Arbrissel entreprit la construction d'une grande église et d'un vaste complexe monastique : le Grand Moûtier dédié à Notre-Dame pour les vierges et les veuves, Saint-Benoît pour les malades et les infirmes, Saint-Lazare pour les lépreux, la Madeleine pour les repenties et Saint-Jean l'Habit pour les hommes.

Chacun de ces cinq membres comportait église, réfectoire, dortoir et cloître : comme ceux de La Roë, les religieux suivaient la Règle de saint Augustin. Ils célébraient l'office dans leur propre église, assuraient les fonctions sacerdotales, accomplissaient les gros travaux et s'occupaient de l'administration. Aux moniales, Robert d'Arbrissel donna la Règle de saint Benoît. Dès 1106, il avait obtenu l'approbation du pape Pascal II. Avec son unique abbesse et ses prieurés, l'organisation de l'Ordre de Fontevraud s'inspira de celle de l'Ordre de Cluny. La centralisation laissa une large autonomie aux prieurés, nombreux dans le centre et le sud-ouest de la France.

La prépondérance de l'élément féminin était évidente. Robert choisit une prieure, Hersende de Champagne, veuve de Guillaume de Montsoreau († 1109). Son auxiliaire, Pétronille de Craon, veuve du baron de Chemillé, lui succéda et devint en 1115 la première abbesse († 1149). Robert d'Arbrissel se considéra comme soumis à son autorité. Il mourut à Orsan, en Berry, le 25 février 1117.

Au XIVe siècle, les religieux fontevristes tentèrent une sécession. Elle échoua, mais leur statut fut modifié et les religieux passèrent sous la Règle de saint Benoît.

Le Paraclet. — Parmi les coutumiers des abbayes de femmes au XIIe siècle, le plus original est celui qui fut élaboré pour le Paraclet par Héloïse, devenue abbesse, conseillée par Abélard. Ils mirent l'accent sur les vertus intérieures et l'imitation du Christ. Le monastère doit être établi dans la solitude : silence et stricte séparation du monde. La pauvreté réelle, qui ignore l'épargne, s'exprime par la simplicité, non l'indigence ou l'ascétisme outrancier : sont autorisés la viande trois fois par semaine, le linge de corps, une literie complète avec matelas, draps et couvertures. Le Psautier est récité dans la semaine, sans accumulation de prières adventices ; la Bible est entièrement lue au chœur dans l'année ; le chant ne doit pas être la préoccupation essentielle, mieux vaut l'étude de l'Ecriture sainte.

Le Paraclet se trouva à la tête d'une petite congrégation, qui dura longtemps, mais perdit son originalité.

La vie des moniales. — Dans son enfance, Héloïse avait appris les lettres chez les bénédictines d'Argentan, Abélard apprécia l'instruction qu'elle y avait reçue. Des témoignages épars révèlent que les abbayes de femmes étaient des asiles de travail intellectuel et de bonnes manières, les nobles y envoyaient volontiers leurs filles pour y parfaire leur éducation. Ces élèves étaient peu nombreuses, dans une abbaye du Moyen Age, leur groupe ne dépassait guère la dizaine. Des moniales copiaient des livres, quelques-unes savaient composer un petit poème à l'occasion d'un décès ou d'un événement heureux. La clôture n'était pas rigoureuse : lors d'une fête ou d'un mariage dans un village voisin, tous se rendaient à l'abbaye pour se réjouir avec les moniales qui les accueillaient généreusement. Les guerres et les troubles entraînèrent parfois un relâchement, les chroniqueurs ont eu tendance à les exagérer.

CHAPITRE XIII

LES MOINES NOIRS

Les abbayes jouissaient de l'immunité, qui les soustrayait à l'autorité des officiers de l'Empire. Quand ceux-ci devinrent des seigneurs féodaux, elles s'efforcèrent de garder leur indépendance. Contre les puissants et les évêques, les rois et les papes s'appuyèrent sur elles, leur accordant de nouveaux privilèges.

Autour des abbayes éloignées des évêchés s'étaient développées de petites villes dont l'abbé était seigneur temporel et chef religieux. Auprès des cités épiscopales, les moines desservaient les grandes basiliques élevées sur les tombeaux des saints martyrs et des évêques. Elles attiraient les foules en pèlerinage. Disposant de grands revenus, les moines pratiquaient des aumônes si abondantes que leurs greniers et leurs celliers y gagnèrent la réputation d'être inépuisables. La dimension et la qualité de leurs constructions donnaient une impression de force, de grandeur et de solidité. Les privilèges et les exemptions de taxes favorisaient l'artisanat et le commerce. Les foires se tenaient dans ces faubourgs.

La vie intellectuelle était florissante. Les moines se chargeaient de l'éducation d'une élite. Ils copiaient les livres et les conservaient. Dans les bibliothèques, les universitaires du XIIIe siècle trouvèrent les œuvres des

Pères de l'Eglise et des auteurs de l'Antiquité. Les abbayes accumulaient dans leurs trésors des objets rares et précieux, dans leurs archives, les témoins du passé. Gardant les tombeaux des rois de France, les moines de Saint-Denis furent aussi les historiographes officiels du Royaume et rédigèrent les Grandes Chroniques de France.

Les prieurés. — A partir du milieu du Xe siècle, les laïques renoncèrent aux églises qu'ils détenaient par héritage ou par usurpation. En accord avec les évêques, ils les donnèrent le plus souvent aux moines, seuls capables d'encadrer le clergé, de reconstruire les bâtiments, d'entretenir et de renouveler les ornements. Ce rôle fut particulièrement assumé par certaines abbayes comme Marmoutier près de Tours, la Trinité de Vendôme, Saint-Florent de Saumur ou la Chaise-Dieu. Toutes les abbayes se trouvèrent propriétaires d'églises dont les unes devinrent priorales, d'autres paroissiales, ou les deux. Leur nombre fut immense et leur répartition infiniment enchevêtrée. Les moines des prieurés géraient des domaines. Ils conseillaient et assistaient les paysans du voisinage. Quelques prieurés n'avaient d'autre but que d'offrir aux moines la possibilité de se retirer dans une calme solitude.

A partir du XIIe siècle, une conception plus légaliste de l'observance et de la célébration de l'office divin ne toléra plus la vie quasi érémitique, menée dans les petits prieurés par le prieur et un seul compagnon. Ils avaient été une nécessité, ils devenaient une charge. Les papes, les évêques et les abbés s'accordèrent pour regrouper les moines à l'abbaye ou dans des prieurés conventuels comptant au moins huit moines. La réorganisation se précipita dans la seconde moitié du XIVe siècle, quand la grande peste eut réduit les effectifs des communautés. Les pouillés au bas Moyen Age et de l'Ancien

Régime recensent des prieurés qui n'ont plus alors aucun moine résidant. Cependant des prieurés conventuels subsistèrent jusqu'à la Révolution.

L'accumulation des biens entraîna deux déviations : la féodalisation des charges et la commende.

La féodalisation des charges. — La Règle de saint Benoît (c. 31) confie le soin matériel du monastère au cellérier, mais la gestion est plus économique quand les responsables ont un budget propre que lorsqu'ils n'ont qu'à transmettre les factures. Aux divers officiers, comme le sacristain, l'aumônier ou le chantre, on attribua des revenus particuliers. Les prieurs des dépendances étaient pratiquement autonomes, se contentant de verser à l'abbaye une redevance fixe. Bien qu'elle ait été contraire à la Règle de saint Benoît, la féodalisation des charges se développa de plus en plus au XIVe siècle. Prieurs et officiers utilisaient à leur gré les bénéfices, parfois considérables, de leur charges, devenues inamovibles et cessibles à des héritiers choisis par eux. Ils contribuèrent à la décoration des églises, offrirent de belles châsses pour les reliques des saints, se préparèrent des tombeaux avec dalle funéraire ou statue. Ils en profitèrent pour manger hors du réfectoire et se faire construire des hôtels particuliers. De la vie commune, il restait l'assistance à l'office et les délibérations au Chapitre.

La commende. — Aux époques d'insécurité, les monastères avaient besoin de protection. On nomma abbés ou prieurs de puissants personnages, qui, devenus commendataires, touchaient une part importante des revenus. Devant ces administrateurs dispensés de résider et autorisés à cumuler, les moines résistèrent. La manœuvre la plus simple consista à procéder à l'élection avant que la nouvelle de la mort du titulaire ait été divulguée. Quand le pape ne se contenta pas de nommer l'élu pour sauvegarder l'apparence de son privilège, les luttes entre prétendants se prolongèrent dans de véritables batailles.

S'il y eut des abbés commendataires âpres au gain et insouciants des communautés, d'autres prirent à cœur d'obtenir des moines d'observer la Règle et les décrets pontificaux. La plupart du temps, on aboutit à la division de la mense abbatiale et de la mense conventuelle, revenus et charges étant pour chacune clairement énoncés. Au XVIe siècle, les papes cédèrent aux rois catholiques le droit de nommer aux abbayes, la commende fut introduite presque partout.

Autonomie. — Maître général de l'Ordre des Frères prêcheurs de 1254 à 1263, Humbert de Romans employa ses dernières années à rédiger des sermons, dont une trentaine adressés aux religieux. Il appartenait à une génération et à un Ordre qui s'écartaient de plus en plus des conceptions de l'ancien monachisme. Devant les moines noirs, il montrait révérence, embarras et discrétion. Il se sentait beaucoup plus à son aise avec les Ordres monastiques du XIIe siècle, qui avaient des programmes précis, des principes clairement énoncés et une tendance (qu'on peut considérer comme fâcheuse) à abaisser les autres Ordres par des comparaisons et des jugements péjoratifs.

Chez les moines noirs, chaque abbaye formait, avec ses prieurés, dont les membres participaient de temps en temps au Chapitre conventuel, une congrégation. On y observait la Règle de saint Benoît avec des coutumes propres, dérivant des anciens usages et des réglementations de Benoît d'Aniane.

A la différence des coutumiers de Cluny, de Camaldoli, de Cîteaux, de la Chartreuse ou de Grandmont, les Coutumiers des abbayes indépendantes, rarement conservés, sont fragmentaires et insuffisants pour entrevoir la vie réelle. Les Statuts des XIVe et XVe siècles sont des accords entre l'abbé commendataire et la communauté, ou des tentatives de réglementation sur un point précis. Il est pourtant sûr qu'en plus de la participation active au grand office liturgique, les moines ont prié, médité, lu et réfléchi. Quelques-uns ont écrit des traités spirituels, des méditations ou des sermons, d'autres ont noté des idées qui n'ont pas de valeur littéraire ou d'originalité, mais qui permettent d'entrevoir leurs désirs de s'instruire et leurs méditations sur les mystères.

« **Benedictina** ». — Les moines noirs comprirent qu'ils avaient intérêt à traiter entre eux des questions de discipline et à s'entendre pour résister aux empiétements des évêques et des princes. Au Concile de Reims (1131), les abbés de la province décidèrent de se réunir chaque année. L'exemple fut suivi. En 1215, le IVe Concile de Latran ordonna que tous les abbés, non soumis à un Chapitre général, comme à Cluny, participeraient au Chapitre tenu dans chaque province ecclésiastique. Le mot « bénédictin » apparut alors pour désigner les moines qui n'appartenaient à aucun Ordre centralisé.

En 1235 et 1237, Grégoire IX promulgua des statuts pour régler la vie intérieure des monastères. Le 20 juin 1336, le pape Benoît XII reprit toutes ces directives dans sa bulle *Summa Magistri dignatio*, communément appelée *Benedictina*. Cistercien, ce pape aurait voulu que les Bénédictins constituent des Chapitres généraux dotés de pouvoirs de contrôle et de coercition : ils se contentèrent de réunions de concertation à tenue irrégulière et gardèrent en principe le droit d'élire librement l'abbé qui n'avait pas de compte à rendre à un supérieur religieux.

« **Ordo monasticus** ». — Malgré le maintien jaloux de leurs autonomies, les moines noirs avaient conscience d'appartenir à un ensemble plus vaste : l'*Ordo monasticus.* Celui-ci formait dans l'Eglise un corps bien déterminé, distinct du clergé et des chanoines réguliers. Les historiens ont insisté sur le remplacement de chanoines en décadence par des moines, mais dans nombre de sanctuaires, comme au Mont-Saint-Michel, moines et chanoines étaient installés côte à côte, tous célébrant l'office divin, les premiers vivant dans l'isolement, les seconds s'occupant du ministère sacerdotal auprès des habitants ou des pèlerins. L'apparition des Ordres mendiants au XIIIe siècle contribua à dégager les moines des responsabilités pastorales, et accentua leur originalité.

Au IXe siècle, Rhaban Maur avait reconnu trois ordres dans l'Eglise : les laïques, les moines et les clercs. A la fin du Xe siècle, l'abbé de Saint-Benoît-sur-Loire, Abbon, mit les moines au-dessus des clercs et des laïques. Il était bon qu'un laïque ou un clerc devienne moine, alors que la démarche inverse était considérée comme une apostasie. Plus tard, on admit qu'un religieux mendiant pouvait devenir moine. En fait, le passage à un Ordre réputé plus austère dissimulait souvent l'instabilité ou le désir d'avantages matériels.

Lors de la profession, les moines recevaient une solennelle bénédiction, dont les formules très anciennes furent insérées dans le Pontifical au Xe siècle. Elle était considérée comme un sacramental et n'était jamais réitérée, même si le moine passait dans un monastère d'observance différente, par exemple cistercienne ou cartusienne.

CHAPITRE XIV

LES ORDRES MONASTIQUES EN EUROPE XIe-XVIIIe SIÈCLES

Italie. — En Italie, au cours du Moyen Age, plusieurs Ordres joignirent à la Règle de saint Benoît des observances empruntées aux courants spirituels.

Les premiers étaient dans la tradition de Camaldoli : Jean de Matera († 1139) fonda Pulsano, Guillaume de Verceil († 1142), Montevergine. Les Guillelmites, disciples de Guillaume de Maleval († 1157), furent connus à Paris sous le nom, resté à leur église, de Blancs-Manteaux. Après avoir pratiqué la vie monastique en Palestine, l'abbé Joachim († 1202), illustre par ses écrits mystiques, s'inspira, pour sa fondation de Flore en Calabre, des usages de Cîteaux. Au XVIe siècle, Cîteaux absorba son Ordre.

A l'imitation de François d'Assise, certains voulurent mener la vie monastique dans une stricte pauvreté. En 1231, Silvestre Guzzolini († 1267) fonda, sur le Monte-Fano près de Fabriano, le monastère d'où sortit l'ordre des Silvestrins.

Pierre dit de Morrone (nom de son ermitage) attira de nombreux disciples et les établit, en 1259, à Sulmona. Urbain IV les soumit à la Règle de saint Benoît, qu'ils reçurent en gardant leurs pénitences rigoureuses avec une pauvreté aussi sticte que celle des Franciscains ; comme eux, ils limitèrent la durée du supériorat à trois ans. Pierre de Morrone avait trente-six monastères sous sa juridiction quand il eut la surprise d'être élu pape le 5 juillet 1294 ; il prit le nom de Célestin V. Nullement préparé à de telles responsabilités, il démissionna le 13 décembre de la même année. Son successeur, Boniface VIII, le tint isolé jusqu'à sa mort, qui survint le 19 mai 1296. Le roi de France, Philippe IV le Bel, affectant de voir en Célestin V une victime de son ennemi Boniface VIII, fit venir les Célestins en France.

Né à Sienne en 1272, professeur de droit, Bernard Tolomei devint ermite avec deux compagnons en 1312. Pour obéir au Concile de Vienne, ils adoptèrent la Règle de saint Benoît avec les options les plus sévères : abstinence perpétuelle, jeûnes fréquents, silence absolu, travail manuel. Imitant le mode de gouvernement des Ordres mendiants, ils renoncèrent à l'autonomie des monastères et décidèrent que l'abbé général serait élu par tous les moines de la Congrégation. Bernard Tolomei mourut de la peste le 20 août 1348.

L'Ordre de la Sainte Vierge du Mont-Olivet avait été approuvé en 1344. Rompant avec l'usage de désigner les Ordres monastiques par un nom de lieu, les familles monastiques adoptèrent désormais des vocables manifestant leurs dévotions. La petite Congrégation, fondée en 1328, à Gualdo en Ombrie, se voua à l'adoration du Saint-Sacrement et prit le vocable de *Corpus Christi.*

Congrégation de Sainte-Justine, puis du Mont-Cassin. — Le 20 décembre 1408, le pape Grégoire XII nomma abbé de Sainte-Justine de Padoue Louis Barbo. Ce Vénitien, qui n'avait pas trente ans, était chanoine régulier. Le 3 février 1409, il fit profession sous la Règle bénédictine et reçut la bénédiction abbatiale. La communauté de Sainte-Justine comptait trois moines. Louis Barbo comprit que les maux dont souffrait l'Ordre monastique venaient de la commende et de la féodalisation. Il abolit la perpétuité des charges en les rendant éligibles, et élimina toute nomination ecclésiastique ou laïque. Il confia l'autorité suprême au Chapitre général, qui comprenait les supérieurs et les délégués des monastères. Le Chapitre élisait le définitoire, composé de six abbés et de trois moines, qui nommait les abbés, les prieurs et tous les officiers, ainsi que les six visiteurs, dont le premier portait le titre de président ; ceux-ci exerçaient le pouvoir exécutif dans la Congrégation. Toutes les fonctions étaient temporaires, bien que les abbés gardassent à vie dignité et insignes. L'autonomie des maisons fut supprimée : les moines firent profession pour la Congrégation et purent être transférés d'un monastère à un autre.

Malgré les innovations et les influences des Ordres monastiques, Cluny, Cîteaux et le Mont-Olivet, Louis Barbo réussit à maintenir le prestige d'abbayes au passé glorieux.

En 1435, le pape Eugène IV approuva les constitutions de Sainte-Justine en accordant la plus ample exemption et en établissant qu'aucun de ses monastères ne pourrait être donné en commende ou grevé d'une pension. Louis Barbo démissionna en 1437 et devint évêque de Trévise. Il mourut en 1441.

Quand en 1504, l'abbaye du Mont-Cassin entra dans la Congrégation, elle prit le nom de Congrégation cassinienne. Elle regroupa un grand nombre de monastères italiens, et un seul en dehors : Lérins. Ses constitutions furent imitées par les Congrégations monastiques qui, à son exemple, se constituèrent dans toute l'Europe.

Les moniales en Italie. — C'est en Italie que les monastères de femmes furent les plus nombreux ; il y en avait plusieurs dans chaque ville. La Règle de saint Benoît s'imposait absolument, mais les coutumes étaient très variées et les moniales en changeaient facilement. A leurs débuts, sainte Claire d'Assise et ses filles avaient été sous la Règle de saint Benoît. Sur les injonctions des papes, la Congrégation de Sainte-Justine prit en charge plusieurs monastères, tout en limitant autant que possible les agrégations.

Angleterre. — Les invasions des Vikings au IXe siècle bouleversèrent l'Angleterre au point d'entraîner la disparition totale de l'observance monastique. Cathédrales et abbayes étaient desservies par des clercs souvent mariés. La Règle de saint Benoît fut redécouverte et remise en honneur à Glastonbury par Dunstan, nommé abbé en 943. Exilé sur le continent, Dunstan demeura dans les abbayes réformées de Saint-Bertin et du Mont-Blandin à Gand. Rentré en Angleterre, il fut promu successivement évêque de Worcester (958), de Londres (959) et de Cantorbéry (960). Son disciple Ethelwold, abbé d'Abingdon, envoya des moines s'instruire à Fleury-sur-Loire et à Corbie ; en 968, il devint évêque de Winchester. Après avoir été moine à Fleury, Oswald fut nommé évêque de Worcester en 961, et de plus archevêque d'York en 972. Placés à la tête d'évêchés importants, ces trois saints restaurèrent ou fondèrent une quarantaine d'abbayes en Angleterre. Ethelwold rédigea vers 970 la *Regularis Concordia Anglicae Nationis Monachorum Sanctimonialiumque.* Ce coutumier, qui recopie parfois littéralement les décrets d'Aix-la-Chapelle de 817, garda nombre de traditions anglaises : sagesse pour la qualité de la nourriture et le temps de sommeil, vie régulière pondérée, laissant une large place à la copie des livres et à l'étude. Désespérant de former de bons chanoines pour leurs cathédrales, nombre d'évêques les avaient remplacés par des moines, la *Regularis Concordia* attribua l'élection de l'évêque à ces moines en accord avec le roi. Après la mort d'Ethelwold (984), de Dunstan (988) et d'Oswald (992), le monachisme bénédictin prospéra bien que les chroniqueurs normands aient prétendu que, lors de l'invasion de 1066, les monastères étaient désorganisés. Les moines anglais avaient accueillis les envahisseurs les armes à la main. Après la défaite, des abbés s'enfuirent, d'autres furent emprisonnés, plusieurs déposés, et les abbayes vacantes furent données à des moines normands. En 1088, il ne restait plus un seul abbé anglais. Les deux archevêques de Cantorbéry, Lanfranc (1070-1089) et Anselme (1093-1109), nés en Italie et moines du Bec, sans enlever au monachisme anglais sa spécificité, introduisirent par la *Regularis Concordia* les usages du Bec et de Cluny. Les abbayes de l'Ouest de la France créèrent des prieurés. En 1077, Cluny s'installa à Lewes, qui devint une de ses cinq « filles ». Le nombre des monastères cathédraux s'accrut et beaucoup d'évêques furent choisis parmi les moines.

Ordre de Sempringham. — Vers 1131, Gilbert, curé de Sempringham dans le Lincolnshire, installa auprès de son église sept jeunes recluses. Les vocations affluèrent, Gilbert constitua un monastère double. En 1147, il demanda l'union avec Cîteaux, elle lui fut refusée. Il organisa alors son Ordre en s'inspirant de Cîteaux, de Grandmont, du Temple et surtout de Fontevraud. Il donna la Règle de saint Benoît aux femmes et celle de saint Augustin aux hommes. Ceux-ci avaient des maisons indépendantes, les femmes résidaient toujours dans des monastères doubles, où les activités étaient communes avec des séparations bien marquées : deux chœurs distincts, une cuisine unique où les sœurs préparaient ce que les convers leur apportaient et qui était servi dans deux réfectoires.

Le maître général, qui n'était pas supérieur d'une maison, devait inspecter l'Ordre tout entier. Au Chapitre général venaient les prieurs et les cellériers, les prieures et les sœurs vicaires, ainsi que les scrutateurs et scrutatrices, responsables des visites. L'expansion de cet Ordre, où hommes et femmes gouvernaient ensemble, se limita au Lincolnshire et aux régions voisines.

Les abbayes anglaises au Moyen Age. — Les abbés siégeaient au Parlement. La Grande Charte de 1215 garantit la liberté des élections. Le premier chapitre provincial se réunit dès 1218 et les visites eurent lieu régulièrement jusqu'à la Réforme. Parce qu'ils étaient florissants, les monastères anglais attirèrent les convoitises des rois, puis des papes. Ceux-ci distribuèrent les bénéfices à des étrangers ; la guerre de Cent ans et la guerre des Deux-Roses exacerbèrent les sentiments nationalistes. La grande peste frappa cruellement les communautés, réduisant leurs effectifs.

La persécution ; les moniales. — De 1515 à 1530, Wolsey, ministre de Henri VIII et cardinal, tenta d'imposer aux Bénédictins des institutions contraires à leur tradition. S'étant proclamé en 1534 « chef suprême de l'Eglise d'Angleterre », Henri VIII exigea des abbés et des moines renonciation contre honneurs ou pensions.

L'Angleterre ne comptait qu'une douzaine d'abbayes de moniales lors de la conquête par les Normands en 1066. Une soixantaine furent fondées au XIIe siècle, la plupart étant dotées pour recevoir seulement douze moniales et une prieure. Cette modestie, favorable à l'observance au Moyen Age, fut fatale, quand, en 1536, le Parlement supprima tous les monastères ne justifiant pas de 12 personnes et de 200 livres de rente. Avant 1540 la plupart des abbayes de moniales avaient disparu.

Au pays de Galles, des moines se cachèrent dans les forêts et menèrent assez longtemps une vie monastique clandestine. Au soulèvement dit « Pèlerinage de grâce » en 1536-1537 prirent part l'abbaye bénédictine de Bardney et quatre abbayes cisterciennes. La répression fut sanglante. Plusieurs abbés bénédictins et cisterciens furent décapités, et leurs têtes pendues à la porte de leur abbaye ; des chartreux de Londres furent exécutés à Tyburn.

La Congrégation bénédictine anglaise. — Les moines qui avaient réoccupé l'abbaye de Westminster sous Marie Tudor (1553-1558) en furent expulsés dès 1559. L'un d'eux, Dom Robert Buckley, vivait encore en 1607, quand les moines anglais des congrégations du Mont-Cassin et de Valladolid se rassemblèrent pour restaurer la Congrégation bénédictine anglaise. Approuvée en 1612, elle acquit une pleine indépendance en 1633. Tous les monastères de la Congrégation anglaise étaient alors sur le continent, à Paris, Douai, Dieulouard, en Lorraine, et Lambspring, non loin d'Hildesheim en Allemagne. Ses constitutions rédigées en 1621 donnaient pleins pouvoirs au président de la Congrégation, élu par le Chapitre général, recruté par cooptation. C'est à lui que les moines faisaient vœu d'obéissance en s'engageant à se dévouer aux missions en Angleterre si on les y envoyait, ce qui valut à plusieurs la prison et le martyre.

Ecosse et Irlande. — Les bénédictins, solidement implantés en Angleterre, pénétrèrent au XIe siècle en Ecosse, plus difficilement en Irlande. Fidèle à ses propres traditions monastiques, cette île s'ouvrit seulement au XIIe siècle aux influences extérieures, grâce à l'archevêque d'Armagh, Malachie († 1148), ami de Bernard de Clairvaux. L'ordre cistercien eut dans l'île 35 abbayes.

Empire : Hirsau-Melk-Bursfeld. — L'impulsion donnée par Benoît d'Aniane se fit sentir en Flandre par Gérard († 959), abbé de Brogne, près de Namur, dont l'influence s'étendit jusqu'en Normandie. Il fut suivi par Jean de Vandières († 973) abbé de Gorze, au sud de Metz, dont les coutumes furent adoptées dans plus de 70 abbayes de l'Empire, et par Richard († 1046), abbé de Saint-Vanne de Verdun, qui rayonna vers Liège et Reims.

Au milieu du XIe siècle, le pape Léon IX († 1054) restaura l'abbaye d'Hirsau au diocèse de Spire. En 1076, Guillaume († 1091), moine de Saint-Emmeran de Ratisbonne, en devint abbé. En 1079, il reçut le prieur de Cluny, Ulrich, qui avait rédigé les Coutumes de l'abbaye. Sur les conseils de l'abbé de Cluny, Hugues, elles furent adaptées pour former les Coutumes d'Hirsau, qui furent suivies dans une centaine de monastères de Souabe, de Franconie et de Bavière. A la fin du XIVe siècle, elles furent mises à jour à l'abbaye de Kastl en Bavière et diffusées sous cette nouvelle forme dans une vingtaine d'abbayes.

Pour obéir au Concile de Constance, le synode de Petershausen réunit, en 1417, 125 abbés et prieurs de la province de Mayence. En 1418, un moine allemand de l'abbaye de Subiaco, Nicolas Seyringer fut nommé abbé de Melk en Autriche. Il supprima le pécule et les privilèges des nobles, et son exemple fut suivi dans plusieurs abbayes. Jean de Rode, après avoir été doyen du Chapitre de Saint-Siméon de Trèves, puis prieur de la Chartreuse de Saint-Alban, était, depuis 1421, abbé de Saint-Mathias de Trèves ; il mit quinze ans à élaborer des Statuts qui conciliaient les traditions de l'Ordre monastique et les exigences du temps. Ils furent adoptés à l'abbaye de Bursfeld en Hanovre, dont Jean Dederoth était devenu abbé en 1433, après un séjour en Italie où il avait admiré la Congrégation de Sainte-Justine. Ces deux abbés moururent en 1439. Le nouvel abbé de Bursfeld, Jean Hagen continua leur œuvre. A sa mort († 1469), l'Union de Bursfeld groupait 36 abbayes. A son apogée au début du XVIe, elle en comprit 136 pour les moines, et une quarantaine pour les moniales. Elle dura jusqu'à la sécularisation de 1802.

Dans l'Union de Bursfeld, les moines faisaient profession pour leur monastère. Les abbés étaient élus par leur Communauté. Le Chapitre général se réunissait chaque année sous la présidence de l'abbé de Bursfeld, puis, quand cette abbaye eut passé au protestantisme, d'un abbé élu. Des visiteurs passaient dans chaque monastère tous les deux ans. Un collège à l'Université de Cologne assurait la qualité des études.

En Allemagne, les abbayes de femmes étaient puissantes. La Congrégation de Bursfeld accepta d'en prendre en charge en sauvegardant les droits des évêques. Dans les régions touchées par la Réforme protestante, peu de monastères passèrent entièrement aux idées nouvelles, malgré les vexations des princes : possibilité pour les moniales de se retirer avec une pension, interdiction de recevoir des novices et obligation d'entendre des prédicateurs protestants. La résistance, souvent longue, finit par s'éteindre.

Espagne. — La Règle de saint Benoît s'imposa en Espagne avec les progrès de la Reconquête dont les moines français furent des agents actifs. Lagrasse au diocèse de Carcassonne s'introduisit dans le comté de Barcelone et en Aragon. Saint-Pons-de-Thomières s'imposa en Aragon et surtout en Navarre avec l'abbaye de Leyre. Saint-Victor de Marseille étendit ses possessions de la Catalogne à Tolède. Au XIe siècle, Cluny couvrit de ses prieurés la Navarre, l'Aragon et la Castille. Au XIIe siècle, Cîteaux s'implanta solidement dans le nord de l'Espagne.

Dès le début du XIIIe siècle, les abbayes espagnoles s'efforcèrent de recouvrer l'indépendance. En application des décrets du IVe Concile de Latran (1215), des statuts furent rédigés en 1233 et 1299. Une vingtaine d'abbayes formèrent la Congrégation des Claustraux, qui adapta ses statuts, en 1361, à la *Benedictina* et, en 1582, aux décrets du Concile de Trente. En 1592, le pape et le roi voulurent contraindre les moines à se conformer entièrement aux normes des Ordres nouveaux. Les moines répliquèrent dès 1596 par un mémorial de leurs droits, privilèges et usages. En 1618, leur Chapitre vota des amendements à la bulle. La lutte s'acheva par un compromis en 1661.

La grande peste du milieu du XIVe siècle fut désastreuse en Espagne. En 1390, le roi de Castille et de Léon, Jean Ier, fonda dans son palais de Valladolid le prieuré Saint-Benoît où il imposa la claustration absolue, avec parloirs munis de grilles recouvertes d'un voile, et interdiction de sortir du monastère sauf danger immédiat. Cet essai de clôture stricte, unique dans l'histoire des monastères d'hommes, ne tarda pas à être adouci. A la fin du XVe siècle, les Rois Catholiques Ferdinand et Isabelle tentèrent de faire entrer tous les monastères bénédictins dans cette Congrégation de

Valladolid. Le pape Jules II voulut lui imposer en 1505 les Constitutions de Sainte-Justine. Elles servirent de base à un remaniement : les abbés élus pour quatre ans avaient pleins pouvoirs, les moines faisaient vœu de stabilité pour leur monastère. La clôture fut élargie, beaucoup de moines se vouèrent à la prédication et au ministère.

En Espagne plus qu'ailleurs l'entrée dans les monastères de reines veuves et d'infantes qui occupaient le siège abbatial apporta la richesse, non l'observance. A partir du XIVe siècle, les bénédictines subirent l'heureuse influence des Congrégations des Claustraux et de Valladolid.

Portugal. — Quand le Portugal devint indépendant au XIIe siècle, l'Ordre de Cîteaux alors en pleine expansion y prit la première place. En 1566, l'abbaye de Tibaës devint chef d'une Congrégation bénédictine portugaise, qui, dès 1581, envoya des moines au Brésil.

CHAPITRE XV

DE LA PRAGMATIQUE SANCTION AU CONCILE DE TRENTE

Dès 1438, le roi de France montra son souci pour la discipline ecclésiastique par la *Pragmatique Sanction.* Une assemblée d'évêques, d'abbés et de docteurs, réunie à Tours en 1493, proposa de sages dispositions pour la réforme des monastères de France. De 1501 à 1510, l'archevêque de Rouen, Georges d'Amboise, entreprit de l'imposer par la force. Il ne pouvait réussir : la résistance des moines aux exigences des papes et des rois n'était pas du relâchement, mais la volonté de défendre l'état monastique. Etaient-ils en rébellion quand ils réclamaient d'élire leur abbé selon la Règle de saint Benoît ? Comment des commendataires qui touchaient les revenus sans résider auraient-ils pu exiger la pauvreté individuelle des officiers du monastère ? La réorganisation ne pouvait venir que des moines.

Cluny. — A Cluny l'élection d'un moine, Jean de Bourbon (1456-1485), eut les plus heureux effets. Elle fut suivie de la restauration des Chapitres généraux et des visites. Si, dans quelques cas, il fallut faire appel au bras séculier pour restaurer l'observance, plus souvent les visiteurs constatèrent que les prieurs avaient su faire face au malheur des temps.

Congrégation de Chezal-Benoît. — Grand prieur de l'abbaye-évêché de Castres, Dom Pierre du Mas devint en 1479 abbé de Chezal-Benoît, près d'Issoudun, au diocèse de Bourges. Après avoir restauré les bâtiments, il rédigea avec l'aide de Dom Philippe Bourgoin, grand prieur de Cluny, des statuts inspirés de ceux de Sainte-Justine de Padoue. Le roi de France, puis le pape les approuvèrent. Des hommes éminents vinrent à Chezal-Benoît, dont les statuts furent adoptés par les abbayes de Saint-Sulpice de Bourges (1499), Saint-Allyre de Clermont (1500), Saint-Vincent du Mans (1502) et Saint-Martin de Séez (1511). Ces cinq abbayes obtinrent d'élire leur abbé, mais, après le Concordat de Bologne (1516), le roi nomma les évêques et les abbés, le privilège ne fut plus concédé et entièrement supprimé en 1763.

La réforme protestante. — A leurs débuts, les mouvements évangéliques attirèrent nombre de moines et de moniales fervents, mais, quand les querelles dogmatiques dégénérèrent, ils se retirèrent. Alors que certains Ordres comptèrent nombre de prédicants du nouvel Evangile, les moines bénédictins, cisterciens, chartreux ou célestins restèrent dans leur ensemble fidèles à l'Eglise romaine.

A partir de 1562, la plupart des abbayes souffrirent de pillages et de destructions de reliques et d'ornements. Des abbés commendataires passés au protestantisme dirigèrent le pillage des monastères qui leur avaient été confiés.

Les aliénations de biens d'Eglise. — Les finances du royaume étaient en piteux état. En 1561, les députés du tiers état proposèrent de vendre les biens des religieux en leur laissant les bâtiments, les aumônes et les fondations perpétuelles. Réunie à Poissy, l'assemblée du clergé offrit au roi de verser, en plus des décimes, des subsides exceptionnels. Le roi exigea toujours davantage, et en 1563, obtint du pape d'effectuer des ventes de biens ecclésiastiques. Ces aliénations, massives de 1563 à 1588, continuèrent jusqu'en 1644. Quand les abbés et les prieurs purent choisir les biens à vendre, ils préférèrent aliéner des cens, des rentes et des droits seigneuriaux, des maisons de ville et des terrains à bâtir recherchés et bien payés, des lopins de terre peu importants et dispersés, des vignes et des coupes de bois, en gardant les terres cultivables et les domaines homogènes.

S'ils ne furent pas les seuls, les moines largement possessionnés furent particulièrement rançonnés. On n'avait pas vu de telles aliénations depuis le Xe siècle, mais il n'y eut pas de suppressions de monastères.

Ces malheurs ne ruinèrent pas l'idéal monastique. Déjà des moines s'appliquaient à mettre en pratique les décrets réformateurs du Concile de Trente.

CHAPITRE XVI

APRÈS LE CONCILE DE TRENTE

Anciens bénédictins. — Le Concile de Trente marque dans l'Ordre monastique une étape importante malgré la brièveté du décret voté le 3 décembre 1563, avant-dernier jour du Concile. En 22 articles, il rappela les règlements concernant les réguliers et les moniales, innova sur deux points : l'article 21 demanda l'abolition de la commende dans les abbayes chefs d'ordre, il ne fut pas appliqué ; l'article 8 prescrivit aux monastères qui ne participaient pas à des Chapitres généraux de se constituer en groupements, *congregationes,* qui veilleraient à l'observance ; à défaut de *congregatio,* les abbayes même exemptes seraient soumises aux visites épiscopales. Cette prescription fut confirmée en 1579, par les Etats généraux de Blois.

Quelques monastères passèrent sous la dépendance des évêques. On les appela « anciens bénédictins ». Avec de petits effectifs, ils maintinrent une observance désuète, qui n'était pas sans charme par son insertion dans le pays. Dans les abbayes érigées en évêchés par Jean XXII, les Chapitres monastiques assumaient les tâches attribuées ailleurs aux Chapitres canoniaux. Dans quelques grands sanctuaires, les moines bénédictins, largement possessionnés, ne se distinguaient des chanoines que par le *cursus* monastique dans l'Office divin. La sécularisation fut la légitimation d'un état de fait.

Congrégations des Exempts. — Pour échapper aux évêques, beaucoup de moines, entendant le mot *congregatio* au sens qu'il avait depuis l'organisation de la Congrégation de Sainte- Justine, formèrent des « Congrégations des Exempts », titre qui définissait leur but.

Dès 1564, la Congrégation des Exempts de Flandre réunit des abbayes importantes, qui gardèrent la plus large autonomie avec des communautés de 40 moines et davantage. Elle se maintint jusqu'à la Révolution française, malgré l'essai d'une Congrégation centralisée, dite de la Présentation-Notre-Dame, le rattachement à la France d'une partie de la Flandre et du Hainaut, et la législation autrichienne.

En 1580, le grand prieur de Marmoutier, près de Tours, réunit les supérieurs de plusieurs monastères de l'Ouest. Les abbés réguliers (peu nombreux, puisque la plupart des abbayes étaient en commende) et deux élus par monastère composèrent le Chapitre général de la Congrégation des Exempts de France. Il nommait les visiteurs et un définiteur qui prit bientôt le titre de général. La Congrégation entreprit une réforme que certains jugèrent trop bénigne. Le 1er août 1603, six moines de Marmoutier obtinrent de leur abbé de constituer, dans les bâtiments de l'infirmerie, une communauté séparée et austère. Dès l'année suivante, ils se retirèrent au prieuré de Lehon et gagnèrent à leur observance plusieurs monastères qui formèrent la Société de Bretagne. La demande d'érection en Congrégation ne fut pas agréée par le Saint-Siège en 1622 ; en 1628, la Société fut unie à la Congrégation de Saint-Maur. Les monastères groupés en 1614 autour de l'abbaye de Saint-Denis furent absorbés de la même façon à partir de 1633. La Congrégation des Exempts de France qui comptait 55 monastères vers 1600 n'en comprenait plus que 11 en 1766.

Ordre de Cluny. — Malgré les tentatives des moines de Cluny pour élire librement leur abbé, l'abbaye fut constamment donnée par le roi à des cardinaux, qui prétendirent imposer leur volonté. Devenu abbé de Cluny en 1629, Richelieu ordonna d'unir l'Ordre à la Congrégation de Saint-Maur. Les deux parties y étaient opposées, les Clunisiens par peur d'être absorbés, les Mauristes par crainte d'être submergés par des moines aux traditions différentes et d'être gouvernés par un abbé imposé par le roi. L'union se défit à la mort de Richelieu en 1642. En 1659, Mazarin, nommé abbé de Cluny, unit l'Ordre à la Congrégation de Saint-Vanne. Sa mort, en 1661, mit fin à cette tentative. Les prieurs clunisiens se réunissaient en Chapitre généraux. Les guerres de la fin du XVIe siècle empêchèrent leur tenue régulière. Des statuts de réforme, promulgués en 1621, ne furent pas acceptés par tous les Clunisiens. Leurs partisans constituèrent l'*Etroite observance,* les autres restèrent sous l'*Ancienne observance* ; les définiteurs des deux Observances se réunissaient pour régler les affaires communes à tout l'Ordre. Chacun des définitoires nommait les prieurs dont la charge ne devait pas dépasser six ans. L'abbé de Cluny ne pouvait pas refuser les nominations. Beaucoup de prieurés avaient été fermés, mais plusieurs abbayes indépendantes se rattachèrent à l'Ordre de Cluny de préférence aux nouvelles Congrégations. Au XVIIIe siècle, l'Etroite Observance compta 50 monastères, et l'Ancienne Observance, 31.

Congrégations cisterciennes. — Les abbayes cisterciennes avaient dès les origines été unies par la Charte de charité. Elles n'en perdirent jamais entièrement le souvenir, mais le développement du sentiment national et la mainmise de plus en plus accentuée du roi de

France sur l'abbaye de Cîteaux entraîna la création de congrégations nationales qui regroupèrent les monastères d'un pays sans tenir compte des filiations.

Le Chapitre général de Cîteaux avait toujours été très prudent pour prendre en charge les abbayes de femmes. Sa méfiance ne diminua pas à la fin du Moyen Age, et les moniales ne pensèrent plus que l'union leur serait utile ; certaines abbayes se détachèrent pour s'organiser en Congrégations sous l'autorité des évêques.

Martin Vargas († 1446) constitua la Congrégation de Castille, qui comprit 42 monastères. Les autres monastères d'Espagne s'unirent, en 1616, sous le titre de Congrégation d'Aragon. Apparurent aussi en Espagne les Bernardines de l'Immaculée-Conception en 1489, les Bernardines déchaussées en 1606.

Le Chapitre général de 1601 proposa aux moniales un plan de réforme qui fut mal accueilli, jugé excessif par les unes, insuffisant par les autres. Les moniales cisterciennes regardaient plutôt vers les dévotions nouvelles. En Savoie apparurent en 1622 les Bernardines de la Divine Providence, apparentées aux Visitandines, et à Paris les Bernardines du Précieux-Sang, approuvées en 1661. A Port-Royal, Angélique Arnaud orienta ses moniales vers la dévotion au Saint-Sacrement. Sa Congrégation se maintint après la destruction de Port-Royal-des-Champs.

Les Congrégations de moines cisterciens surgirent dans toute l'Europe. En 1497, le pape Alexandre VI approuva la Congrégation de Lombardie et de Toscane qui groupa 45 monastères, et Pie V, en 1567, celle de Portugal avec 17 monastères. Fondée en 1580, la Congrégation polonaise en compta 15.

En 1623, Grégoire XV réunit des monastères des Etats pontificaux et du royaume de Naples dans la Congrégation de Rome. Dix ans plus tard, Urbain VIII organisait la Congrégation de Calabre et de Lucanie en joignant aux Cisterciens les monastères de Joachim de Flore († 1202). En 1626, Urbain VIII unit les monastères d'Irlande dans la Congrégation de saint Malachie et de saint Bernard. L'abbé de Salem, Thomas Wunn, constitua une Congrégation qui engloba 26 monastères d'hommes et 36 de femmes en Allemagne du Sud et en Suisse. Le Chapitre général l'approuva en 1623.

Les Feuillants. — Né en 1544, abbé commendataire de l'abbaye cistercienne de Feuillant dès 1562, Jean de La Barrière embrassa en 1573 la vie monastique. Il reçut la bénédiction abbatiale en 1577 et entreprit une réforme d'une austérité effrayante. Les Feuillants s'établirent à Paris et à Rome, ce qui donna naissance à deux Congrégations : Notre-Dame des Feuillants en France avec 31 monastères et les Réformés de saint Bernard en Italie avec 43.

En 1595, le pape Clément VIII apprit que quatorze religieux de la maison de Rome étaient morts en une semaine, victimes du régime alimentaire, qui excluait vin, poisson, œufs, beurre, sel et tout assaisonnement. Emu, le pape adoucit cette réglementation. Joignant à une rude ascèse la prédication, les Feuillants s'établirent de préférence dans les villes. Les Feuillants ne reconnurent jamais l'autorité du Chapitre général de Cîteaux, tout en se réclamant de saint Bernard, qu'ils choisirent comme patron de leurs maisons, et qu'ils vénérèrent en occupant les lieux où il avait vécu : Fontaine-lès-Dijon et Châtillon-sur-Seine. Il y eut des Feuillantines à partir de 1588.

Les deux observances cisterciennes. — Au début du XVIIe siècle, quelques monastères de la filiation de Clairvaux préconisèrent le silence absolu, le travail manuel. Le refus de manger de la viande valut aux partisans de la « stricte observance » le surnom d'« abstinents ». Sous Louis XIII, ils tentèrent de conquérir tout l'Ordre cistercien en faisant interdire à la « commune observance » de recevoir des novices et en envahissant ses abbayes par la force. Un bref du pape Alexandre VII, en 1666, rétablit l'unité de l'Ordre en laissant leur autonomie aux deux observances. L'abbé de Rancé († 1700) et son abbaye de la Trappe se tenaient à l'écart, leur influence ne fut prépondérante qu'au XIXe siècle.

Travaux intellectuels des cisterciens. — L'abbé de Rancé condamna les études, mais l'Ordre cistercien compta plus d'auteurs aux XVIIe et XVIIIe siècles que pendant les cinq siècles précédents. Il y eut des Cisterciens érudits ; Juan Chrisostomo Henriquez (1595-1632) accumula des textes cisterciens dans une trentaine d'ouvrages, Angel Manrique (1577-1649) rédigea *Annales cistercienses* (4 vol. in-f°), Charles de Visch (vers 1600-1666) composa la *Bibliotheca Scriptorum sacri Ordinis Cisterciensis,* et Juan Caramuel Lobkowitz (1606-1682) écrivit plus de 260 ouvrages sur tous les sujets. Quand le cistercien Joseph d'Inguimbert (1683-1757) devint évêque de Carpentras en 1735, il apporta ses 4 000 volumes qui formèrent le noyau de la bibliothèque qu'il légua à la ville de Carpentras. Cependant la plupart des écrivains cisterciens se cantonnèrent dans la spiritualité, la thélogie ou la prédication.

CHAPITRE XVII

CONGRÉGATION DES SAINTS VANNE ET HYDULPHE

En 1598, les moines de Saint-Vanne de Verdun furent invités par l'évêque, Erric de Vaudémont, leur abbé commendataire, à élire un prieur. Leur choix se porta sur Dom Didier de La Cour. Né en 1550, profès en 1576, il s'était fait remarquer par sa fidélité à la Règle. Il entreprit aussitôt la réforme du monastère, secondé par Dom Claude François, qui, né en 1569 et profès en 1589, étudiait alors à Rome. Par lui, Dom Didier de La Cour connut les constitutions de Sainte-Justine. Ils s'en inspirèrent étroitement. Les moines vouaient la stabilité dans la Congrégation et non dans un monastère. Le Chapitre général comprenait le président, les visiteurs, les supérieurs et un délégué par maison. Son autorité était d'autant plus grande que le président élu pour un an et les prieurs nommés pour cinq ans, ne pouvaient être prolongés.

Dès 1601, Dom Claude François était nommé prieur de l'abbaye de Moyenmoutier dans les Vosges. Le 7 avril 1604, le pape Clément VIII érigea la Congrégation de Lorraine sous le titre des saints Vanne et Hydulphe, patrons des deux premiers monastères, et lui accorda tous les privilèges de la Congrégation de

Sainte-Justine. Le 31 juillet 1604, le premier Chapitre général élit président Dom Didier de La Cour.

Le développement de la Congrégation fut soumis aux contingences politiques : la province de Lorraine correspondait à ce pays, indépendant jusqu'à Louis XV, la province de Franche-Comté à la région soumise longtemps au roi d'Espagne et la province de Champagne aux monastères de l'est de la France, qui ne s'étaient pas joints à la Congrégation de Saint-Maur.

La Congrégation lorraine, qui ne jouit pas du même prestige, compta quelques savants illustres : Dom Augustin Calmet, abbé de Senones, composa un *Commentaire littéral de l'Ancien et du Nouveau Testament* (26 vol. in-4°), un *Dictionnaire de la Bible* (4 vol. in-f°), un *Commentaire de la Règle de saint Benoît* (2 vol. in-4°), et une *Histoire de Lorraine* (7 vol. in-f°). Dom Remi Cellier compila l'*Histoire générale des auteurs sacrés* (23 vol. in-4°). Dom Jean François collabora à l'*Histoire de Metz* (6 vol. in-4°) et donna la *Bibliothèque générale des écrivains de l'Ordre de saint Benoît* (4 vol. in-4°). Enfin Dom Pierre Perignon, mort à Hautvillers le 24 septembre 1715, contribua à l'essor du vin de champagne par ses *Mémoires sur la manière de choisir les plants de vignes convenables au sol, sur la façon de les provigner, de les tailler, de mélanger les raisins.*

CHAPITRE XVIII

CONGRÉGATION DE SAINT-MAUR

Dès 1613, Dom Didier de La Cour avait envoyé des moines en France. Ils reçurent un accueil enthousiaste de Dom Bénard, prieur du collège de Cluny à Paris. Il envoya de jeunes moines à Saint-Vanne de Verdun et demanda des professeurs. En mai 1618, il assista au Chapitre général de la Congrégation de Saint-Vanne tenu à Saint-Mansuy de Toul. Plutôt que de tenter une expansion vers la France qui déplairait au roi, on résolut de constituer sur le modèle de Saint-Vanne une congrégation française. Dom Bénard obtint des lettres patentes dès le mois d'août 1618. Le premier Chapitre fut réuni le 2 novembre 1618 au monastère des Blancs-Manteaux à Paris. L'approbation fut expédiée de Rome le 17 mai 1621, après la mort de Dom Bénard († 21 avril 1620).

Saint Maur, disciple de saint Benoît, fut choisi comme patron de la Congrégation, parce qu'on croyait alors qu'il avait apporté la Règle en France. Le succès fut immédiat : aux abbayes qui avaient déjà adopté les constitutions de Saint-Vanne se joignirent des abbayes et des prieurés détachés des Congrégations existantes dont, en 1628, la Société de Bretagne et, en 1636, la Congrégation de Chezal-Benoît avec son privilège d'avoir des abbés réguliers.

La décadence des moines résidants dans les monastères repris par les Mauristes a été fortement exagérée. Certes, ils jouissaient des revenus de leurs charges et habitaient des maisons individuelles, mais ils assuraient l'office divin et les témoignages de leur piété et de leur charité ne sont pas rares. Beaucoup d'entre eux accueillirent avec faveur les moines de Saint-Maur dont l'ascèse et la discipline rigoureuse portaient de belles promesses d'avenir ; sagement, la plupart comprirent qu'ils ne pouvaient pas s'adapter à cette nouvelle observance. Leur vie durant, les anciens jouissaient de logements et de pensions sous l'autorité d'un supérieur qu'ils élisaient pour trois ans. Ils gardaient leurs places accoutumées vers le bas du chœur, tandis que les Mauristes se plaçaient vers l'autel. Ceux-ci se réservaient, sauf cas particuliers rares, la direction de l'office divin. Ils assumaient entièrement l'administration. Seuls les Mauristes pouvaient recevoir des novices. Quelques épisodes retentissants ne doivent pas dissimuler que le plus souvent anciens et mauristes vécurent en bonne intelligence et que ces derniers recueillirent avec soin le glorieux héritage dont ils devenaient les bénéficiaires.

Les Mauristes ne prenaient jamais possession d'un monastère sans avoir passé un concordat avec l'abbé ou le prieur commendataire.

Les revenus du monastère étaient partagés en deux menses, l'une pour le commendataire, l'autre pour la communauté. Les charges d'entretien des bâtiments et de fonctionnement étaient clairement réparties.

Lors du Chapitre général du 22 avril 1630, Dom Grégoire Tarrisse s'installa à Saint-Germain-des-Prés. Mûri par une longue expérience et entouré de sages conseillers, il codifia les coutumes de la Congrégation de Saint-Maur en deux parties : les Déclarations accompagnent la Règle de saint Benoît, en énonçant pour chaque chapitre les dispositions pratiques réglant la vie quotidienne et la discipline régulière. Les Constitutions traitent des points, qui n'ont pas d'équivalent dans la Règle, sur l'organisation de la Congrégation. Les moines fixaient leur stabilité dans la Congrégation, mais ils émettaient leur profession dans le monastère de leur choix. Dans chaque monastère, le prieur était assisté de quatre sénieurs, deux nommés par lui et deux élus par la Communauté. Malgré les déplacements, les moines participaient étroitement à la vie du monastère où ils résidaient, sauvegardant une tradition essentielle de la vie bénédictine.

La Congrégation de Saint-Maur incorpora 193 monastères, dont la plupart avaient une antiquité et un passé prestigieux. Les effectifs de ces monastères étaient faibles. Chacune des six provinces avait son noviciat et sa maison d'études.

L'autorité souveraine était dévolue au Chapitre général, composé du supérieur général, de ses deux assistants, de six visiteurs et de quatre délégués nommés par chaque diète provinciale. Ces diètes comprenaient tous les prieurs et un représentant de chaque communauté. Le Chapitre général élisait tous les supérieurs, mais alors que le supérieur général, élu pour trois ans, était indéfiniment rééligible, les visiteurs et les prieurs ne pouvaient rester dans la même charge plus de deux triennats.

La Congrégation de Saint-Maur, par sa régularité et ses travaux d'érudition, apporta une nouvelle gloire à l'Ordre bénédictin.

CHAPITRE XIX

OBSERVANCES ET SPIRITUALITÉ MONASTIQUES AUX XVIIe ET XVIIIe SIÈCLES

Malgré les pertes dues aux malheurs des temps, suppressions par les hérétiques et confiscation par les princes, l'Ordre monastique jouit aux derniers siècles de l'Ancien Régime d'un héritage prestigieux. Les abbayes ont de vastes domaines et se glorifient de leur passé, bien qu'elles soient affaiblies par l'âge et les convoitises des pouvoirs ecclésiastiques et laïques. Il n'y a pas d'autorité suprême pour les moines, et les regroupements en Congrégations ont été effectués plus par hasard des circonstances que par des volontés délibérées, mais il y a une mentalité commune, qui s'affirme en face des Ordres nouveaux et des spiritualités modernes, dont l'influence est pourtant sensible.

Office divin. — La célébration solennelle de l'office divin était traditionnellement assurée dans les grands sanctuaires, cathédrales et basiliques des saints ; les Ordres religieux du bas Moyen Age l'avaient simplifiée, les Jésuites l'avaient supprimée, les moines affirmèrent leur spécificité en la maintenant. Elle avait été alourdie par des prières surérogatoires, on l'allégea, mais en gardant l'Office de la Vierge, l'Office des morts et des suffrages. En utilisant des missels et des bréviaires imprimés, les monastères abandonnèrent leurs usages propres.

Au XVe siècle, beaucoup d'abbayes d'Italie, d'Autriche et d'Allemagne adoptèrent le bréviaire romain, qui fut réformé par Pie V en 1568. Ce bréviaire, combiné avec la psalmodie décrite dans la Règle de saint Benoît, donna le bréviaire monastique, promulgué par Paul V en 1612. Il ne s'imposa pas absolument : les Cisterciens et les Chartreux conservèrent leurs bréviaires propres ; les Bénédictins, à la recherche de la pureté antique, procédèrent à des transformations radicales tant pour la répartition des Psaumes que pour le choix des lectures. Le nouveau bréviaire de Cluny fut édité en 1685, celui de Saint-Vanne en 1777, celui de Saint-Maur en 1787. Ce dernier fut adopté au XIXe siècle par la Congrégation bénédictine hongroise. La réaction romantique du XIXe siècle attaqua violemment ces nouveaux bréviaires, qu'elle jugea contraires aux traditions, mais les réformes liturgiques de Pie X et de Paul VI s'en inspirèrent abondamment.

« Lectio divina » et méditation. — Sous l'influence de la *devotio moderna,* les méditations et exercices spirituels à heure fixe supplantèrent la *lectio divina* beaucoup plus souple. On essaya d'expliquer que les anciens moines avaient connu ces méthodes, mais, en mettant dans les mains des novices et des moines des traités nouvellement composés, on orienta la piété vers les formes nouvelles. Saint Ignace de Loyola connut certainement l'*Exercitatorio de la vida espiritual* de Dom Francisco Garcia de Cisneros, abbé de Montserrat (1455-1510).

Administration. — Le prieur claustral (ou l'abbé régulier dans les rares abbayes où il y en avait un) dirigeait sa communauté dans les voies spirituelles et l'instruisait régulièrement. Il était aidé par le sous-prieur, les confesseurs et les prédicateurs. Les maisons d'études et les noviciats avaient un directeur des études et un maître des novices, aidés par le zélateur. Le secrétaire du Chapitre notait soigneusement tout ce qui concernait la vie conventuelle.

Le coutumier de Saint-Maur prescrit de tenir neuf livres : 1) élections et décrets des Chapitres généraux ; 2) ordonnances et monitions en langue vulgaire ; 3) comptes rendus des visites ; 4) bienfaiteurs et moines défunts ; 5) et 6) professions des novices et contrats des commis (en deux exemplaires) ; 7) prises d'habit et décisions, favorables ou non ; 8) faits mémorables ; 9) actes capitulaires.

Le Coutumier de Saint-Maur énumère les responsables, qui sont à peu près les mêmes partout. Le cellérier a la haute main sur les finances et le matériel. Il est secondé par le sous-cellérier, le procureur, le dépositaire, le vêturier, le linger, l'infirmier, l'hôtelier, le cuisinier, le dépensier, le boulanger, le jardinier, le cordonnier, d'autres encore. Comme les moines atteignent rarement la dizaine, ils cumulent les titres et font exécuter les travaux par des serviteurs.

L'importance des biens fonciers imposait une répartition des tâches administratives : à des convers étaient confiés les exploitations agricoles, les réparations des bâtiments, l'achat des veaux et des moutons, des pailles et des avoines, l'entretien des vignes et des forêts, etc. Ils dirigeaient de nombreux salariés.

Travail manuel. — Le grand nombre des serviteurs employés dans les monastères, comme dans toutes les grandes maisons du temps, n'a pas empêché les auteurs spirituels de glorifier le travail manuel. Ils insistèrent volontiers sur les occupations considérées comme viles et humbles : balayer, faire la lessive ou la vaisselle, transporter le bois de chauffage, préparer la sacristie ou le réfectoire, servir à table. A ces services de la vie communautaire, on pourrait ajouter des travaux d'artisanat ou d'agriculture, en n'oubliant pas que l'Office divin et les exercices conventuels, répartis tout au long de la journée, empêchent d'aller au loin et laissent disponibles quelques heures seulement. L'application et la continuité ont souvent donné au travail des moines une grande valeur.

Travail intellectuel. — Alors que le travail manuel des moines bénéficiait d'une estime exprimée en termes naïvement romantiques, le travail intellectuel fut violemment attaqué par l'abbé de Rancé, qui entraîna dans son sillage un large mouvement d'opinion. Armand

Jean Le Bouthiller de Rancé avait été nommé abbé commendataire de l'abbaye cistercienne de la Trappe, en 1637, à onze ans ; en 1663, il se convertit, devint abbé régulier et prétendit restaurer l'observance primitive de Cîteaux. Il exposa ses idées en 1683 dans deux gros volumes intitulés *De la sainteté et des devoirs de la vie monastique.* Au retour aux sources, il ajouta des pratiques empruntées à d'autres traditions, auxquelles la mode du temps donnait un relief particulier. Il obtint un vif succès auprès des grands de ce monde en attaquant violemment les moines, ses contemporains : Cisterciens de la commune observance, Chartreux et Mauristes, auxquels il joignit les Jésuites. Diffusant ses livres, il réussit à faire refuser le privilège indispensable aux réfutations qu'on lui opposait.

D'après les descriptions de l'abbé de Rancé, les maux causés dans les monastères par les études font frémir : « L'étude détruit l'humilité... La science est une nourriture étrangère à la condition des moines. Elle n'est capable que de leur nuire, de dérégler leur cœur, de faire sur eux des impressions de mort et de ruiner ce fonds de piété, de simplicité et de pureté auquel leur sanctification est attachée. On ne connaît plus ni règle ni régularité ni constitution ni discipline ni édification ni exemple dans les monastères où ces études sont établies. Un homme savant, dans une communauté religieuse, ne connaît plus de retraite, plus de silence, plus d'oraison, plus de jeûnes, plus de veilles, plus d'assistance à l'office... On fait de ces maisons de paix et de retraite des académies tumultueuses... C'est l'expédient le plus court et le plus assuré pour séculariser les cloîtres, pour dépouiller les moines de tout sentiment de leur devoir. »

A cela, Dom Jean Mabillon répondit posément : « quelques inconvéniens qu'il y ait dans les études des solitaires, il n'y en a pas moins dans l'ignorance. Un des premiers et des plus fâcheux est la stupidité qui les rend incapables de profiter des lectures, à moins qu'ils n'aient beaucoup d'ouverture d'esprit : ce qui n'arrive guère aux solitaires, dont la pointe s'émousse facilement par la solitude et le silence.

« De ce dégoût des lectures provient le dégoût de la retraite, et une espèce de nécessité de ne s'occuper que de travaux corporels, qui sont bien capables de faire des artisans, mais non pas des hommes spirituels et intérieurs : outre qu'ils peuvent dissiper, et, qu'en effet, ils dissipent bien souvent l'esprit, encore plus que l'étude.

« Ce défaut de spiritualité rend les solitaires indociles, intraitables, surtout lorsqu'il y a quelque rudesse d'humeur, qui n'a pas été polie et adoucie par les lettres. D'où vient qu'ils ne sont que très difficilement touchés des vérités qu'on leur propose, et des exhortations que leur font les supérieurs, étant accoutumés d'ailleurs à l'usage des choses saintes, qui ne font pas plus d'impression sur leur esprit et sur leur cœur que les vérités les plus touchantes.

« Ils ne sont pas pour cela ni moins arrêtés à leur sens, ni moins téméraires dans leurs jugements. Comme ils n'ont pas assez de lumière pour prendre le parti qu'il faut dans des difficultés qui se rencontrent, et qu'ils n'ont point de supérieurs assez éclairés pour les leur résoudre, le hasard ou la passion leur fait prendre leur parti, et ils s'y attachent d'ordinaire avec autant d'opiniâtreté que s'ils avoient eu les meilleures raisons du monde pour se déterminer.

« De toutes ces fâcheuses dispositions naissent le défaut d'honnêteté, les brusqueries des uns contre les autres, les murmures grossiers, la disette de bons supérieurs dans ces communautés, et enfin la dissipation et le relâchement, ce qui en sont une suite presque inévitable. C'est ce que l'on a éprouvé dans tous les temps, et ce que l'on éprouvera toujours par une expérience funeste, tant que les études et la science ne viendront pas au secours, pour détourner ces mauvais effets. »

Les observations pertinentes de Dom Jean Mabillon et ses sages conseils furent plus ou moins écoutés, malgré les autorités romaines qui demandaient pour les novices et les séminaristes une solide formation. Mabillon avait constaté que les monastères qui n'assurent pas de bonnes études à leurs jeunes moines élisent pour supérieurs des moines entrés prêtres, après avoir bénéficié ailleurs d'études sérieuses.

Critique historique. — Malgré les objections de l'abbé de Rancé, les monastères avaient de belles bibliothèques de livres imprimés, qui comprenaient plusieurs centaines, parfois des milliers de volumes bien choisis : traités spirituels, éditions des Pères de l'Eglise en latin et en grec, livres d'histoire et de littérature, et aussi de sciences ou de voyages, fort prisés au XVIIIe siècle. Malgré son prix, l'*Encyclopédie* (où on lit un éloge des Bénédictins savants) fut achetée par de nombreuses abbayes.

Refoulant les convoitises de collectionneurs riches et puissants, les moines conservaient précieusement les manuscrits du Moyen Age. Ils permirent aux plus savants d'entre eux de préparer les éditions de textes anciens, spécialement des Pères de l'Eglise, en appliquant les règles de la critique. Cela leur attira les attaques de Rancé auxquelles Dom Mabillon répondit calmement : « Il lui est arrivé, en s'élevant contre la critique, la même chose que j'ai déjà remarquée à l'égard de l'étude, qu'il en prouve parfaitement bien l'utilité par son exemple. »

Et Mabillon exposait clairement sa position : « Fuyons donc la mauvaise critique : mais ne rejettons pas la bonne. Elle est nécessaire partout, puisque ce n'est rien autre chose que l'usage du bon sens et du jugement. Elle est nécessaire pour ne pas donner aveuglément sa créance à de fausses histoires, à des contes superstitieux, à des imaginations creuses, et à des visions mal fondées, à des miracles faux ou douteux, à des faux ouvrages des Pères. »

Les moines ont appliqué leurs recherches et leur critique aux écrits sur lesquels s'édifiait leur culture religieuse. La théologie spéculative les a peu retenus. Dans leur longue tradition d'études des œuvres des Pères de l'Eglise et des auteurs chrétiens, les critiques textuelles et littéraires ont pris la suite des notes des copistes. Les annales ont préparé les histoires des monastères, dont les admirables chartriers fournissaient les bases. Et c'est pour les exploiter avec sûreté que Dom Jean Mabillon composa en 1681 le *De Re diplomatica,* qui inaugura la méthode historique moderne. Des histoires des monastères, les Bénédictins passèrent aux histoires des provinces et des nations, dont les sources se trouvaient pour une grande part dans leurs archives.

Bien que « les travaux de Bénédictin » jouissent d'une flatteuse réputation de solidité due à un labeur assidu, on a formulé contre eux des critiques variées, dans des directions opposées, en oubliant qu'ils étaient des moines. Tous pratiquaient la *lectio divina* et avaient reçu une bonne formation théologique qu'ils entretenaient soigneusement, mais parmi eux quelques-uns seulement faisaient des recherches d'érudition leur occupation principale, mais non exclusive. Les autres aidaient discrètement leurs savants confrères. En entretenant avec les érudits de leur temps les meilleures relations, les moines ne désiraient ni les supplanter, ni les concurrencer. Rancé eut tort de comparer les monastères à des académies, bien que la possibilité de rapprocher des moines appliqués à un travail collectif ait permis à la Congrégation de Saint-Maur de produire pendant près de deux siècles des œuvres que leurs qualités imposent encore.

CHAPITRE XX

LES MONIALES EN FRANCE DU XVe AU XVIIIe SIÈCLE

Le renouveau de la vie monastique féminine en France débuta sous l'abbesse de Fontevraud Marie de Bretagne (1457-1477). Ne pouvant imposer ses projets à l'abbaye, elle s'installa au prieuré de la Madeleine d'Orléans, d'où la réforme gagna 27 prieurés et l'abbaye elle-même, au temps de l'abbesse Renée de Bourbon (1491-1533). Voulant rétablir la vie régulière, le renoncement à toute propriété particulière et la clôture, des abbesses demandèrent des moniales à Fontevraud. En 1497, le roi de France, Charles VIII, ordonna d'en envoyer à Charenton, François Ier enjoignit aux abbesses de Jouarre et de Sainte-Croix de Poitiers de se rendre à Fontevraud. L'évêque de Paris, Jean Simon, introduisit 12 fontevristes à Chelles. Son successeur, Etienne Poncher (1503-1519), rédigea des Statuts qui se répandirent dans toute la France.

A partir du XVIe siècle, toutes les abbesses de France appartinrent à la plus haute noblesse. Apparentées entre elles et convaincues de l'excellence de leurs familles, elles choisissaient parmi leurs nièces des coadjutrices, auxquelles, avec l'appui du roi, elles transmettaient leur dignité. Les prescriptions du Concile de Trente ne furent guère observées. La plupart, pourvues très jeunes, gouvernèrent fort longtemps. Certaines pleines de zèle pour l'observance régulière administrèrent remarquablement. Malgré des incidents fâcheux et des intermèdes scandaleux, la prédication protestante n'eut de succès que dans des communautés composées de vocations forcées, aux abbesses sans autorité. Placées à Jouarre par son père, l'abbesse Charlotte de Bourbon avait vingt-trois ans quand elle s'enfuit en 1572. Elle abjura et épousa Guillaume le Taciturne, dont elle eut six filles. L'une d'elles, Charlotte-Flandrine, orpheline à trois ans, fut enlevée à sa famille par sa tante, Jeanne de Bourbon, devenue abbesse de Jouarre en 1586 et restée fervente catholique. Charlotte-Flandrine de Nassau-Orange devint abbesse de Sainte-Croix de Poitiers et mourut en odeur de sainteté le 10 avril 1640.

Succédant à sa sœur Claude, dont la conduite était légère, Marie de Beauvillier devint abbesse de Montmartre en 1598. Elle échappa à un empoisonnement. Durant son abbatiat, qui dura jusqu'en 1657, elle donna le voile à 227 filles et en envoya plus de 50 réformer ou fonder des monastères. Parmi elles, Marguerite d'Arbouze, reçut en 1619 l'abbaye du Val-Profond, près de Bièvres, qu'en 1624 elle transféra à Paris sous le nom de Val-de-Grâce.

Voulus par les moniales ou imposés par les évêques réformateurs, conscients de l'insécurité, les transferts d'abbayes de la campagne en ville se multiplièrent. Les abbayes restées isolées à leur emplacement primitif étaient des exceptions remarquées. Toutes les nouvelles fondations rendues nécessaires par l'afflux des vocations féminines, plus nombreuses qu'au Moyen Age, furent établies dans des villes et, pour la plupart, rattachées à des instituts, qui, au lieu d'abbesses à vie, eurent des prieures élues pour trois ans.

Avec l'aide du P. Joseph du Tremblay, l'éminence grise, la Mère Antoinette d'Orléans-Longueville, coadjutrice de Fontevraud, fonda la Congrégation du Calvaire approuvée en 1617. Son but était d'honorer la Passion du Christ et les douleurs de Notre-Dame par une vie de pénitence. Elle compta une vingtaine de monastères.

En 1651, Catherine de Bar devenue Mère Mechtilde du Saint-Sacrement fonda à Paris un monastère voué à l'adoration du Saint-Sacrement. La Congrégation s'implanta en Pologne.

Comme les Bénédictins, les Bénédictines s'organisaient donc en Congrégations plus ou moins centralisées. Les abbés de la Congrégation de Chezal-Benoît avaient accepté la charge de quelques monastères de moniales ; au XVIIe siècle, les nouvelles Congrégations esquivèrent le plus possible les avances qui leur furent faites. Le résultat fut que les abbesses et leurs moniales furent dirigées par des prêtres séculiers et réguliers selon les nouvelles méthodes de spiritualité, fort sérieuses, mais assez éloignées de l'esprit de liberté et d'humanisme traditionnel dans l'Ordre monastique. Célébrant l'office avec le bréviaire de Paul V, ces Bénédictines réduisirent notablement les parties chantées et abandonnèrent des cérémonies vénérables comme la consécration des vierges.

CHAPITRE XXI

LE MALAISE EN FRANCE AU XVIIIe SIÈCLE

Le régime bénéficial entraînait une répartition des biens d'Eglise contraire à leur destination normale : alors que des religieuses étaient dans la misère et que des hôpitaux ou des écoles étaient insuffisamment rentés, des prélats jouissaient en commende d'importants revenus dont ils cherchaient à assurer pour eux ou pour leur charge le maintien et l'accroissement aux dépens des moines dont ils souhaitaient la disparition. Que penser des condamnations portées contre les moines par ces personnages ? Ils ont insisté sur les démêlés entre supérieurs et inférieurs qui entraînaient des abus : dénonciations, délations, élections frauduleuses. L'opinion agacée par les vices du système s'en prenait aux personnes. Pourtant les moines assuraient l'Office divin conventuellement, reconstruisaient des bâtiments fonctionnels, s'instruisaient et poursuivaient de savantes recherches.

La banqueroute de Law en 1720 réduisit à la misère des monastères de femmes mal dotés en biens fonciers. Elles firent appel au roi. La « Commission des Secours », créée en 1727, constata que les comptes étaient souvent mal tenus et l'administration incapable.

Le principe fut d'aider les monastères utiles à l'Etat et de supprimer ceux qui étaient à peu près vides ou sans ressources. L'application fut difficile, il y eut des gaspillages et des détournements.

En 1765, 28 moines de Saint-Germain-des-Prés présentèrent une requête pour rendre leur observance plus simple, plus sincère, plus conforme aux traditions de l'Ordre bénédictin : ils demandaient la stabilité dans le monastère, l'élection des supérieurs par les communautés, un habit modeste, une nourriture commune et frugale, un office divin adapté. On cria au scandale : ces moines voulaient les matines à cinq heures du matin et de la viande trois fois par semaine ! Quels étaient les défenseurs de la Règle ? Des laïques, dont la piété et les mœurs n'étaient pas évidentes, et des moines bénéficiant de séjours à l'infirmerie, dispensés du chœur et du réfectoire : les adoucissements proposés les auraient fait rentrer dans le régime commun.

Pourtant en France, le pouvoir royal s'en préoccupait. En 1766, il institua la Commission des Réguliers avec cinq archevêques, quatre conseillers d'Etat, quatre théologiens et quatre avocats. Il n'y avait aucun religieux dans cette Commission qui prétendait reviser les Constitutions de tous les Ordres religieux. Elle désirait diminuer le nombre des moines et des monastères. Elle fixa l'âge des vœux à vingt-et-un ans pour les garçons et à dix-huit ans pour les filles.

Pour favoriser la vie conventuelle, elle ordonna la fermeture des maisons de moins de 9 religieux, ce qui éteignit de petits monastères restés isolés, quelques Ordres exsangues, quelques prieurés mauristes, mais ni abbayes cisterciennes, ni chartreuses. Les suppressions concernèrent environ un monastère sur cinq.

Très sévèrement jugée, la Commission des Réguliers n'avait guère touché que des points de détail. Elle fut dissoute en 1780. Son action fut prolongée par la Commission des Unions, puis de 1784 à 1790 par le Bureau des Réguliers.

MOINES DE FRANCE EN 1768

	Maisons	*Religieux*	*Revenus*
Anciens bénédictins :			
— maintenus	34	564	1 438 170
— *supprimés*	36	209	276 610
Congrégation des Exempts	11	68	62 204
Congrégation de Saint-Vanne	49	610	450 678
Congrégation de Saint-Maur	191	1 917	2 829 313
Bénédictins anglais	3	80	15 144
Ordre de Cluny :			
— *ancienne observance*	50	296	204 618
— stricte observance	38	375	450 000
Ordre des Camaldules	6	18	7 575
Ordre des Chartreux	66	1 004	1 108 013
Ordre de Cîteaux	228	1 873	2 235 366
Ordre des Feuillants	24	162	164 383
Ordre de Grandmont	31	107	111 645
Ordre des Guillelmites	2	21	12.429
Ordre des Célestins	19	165	344 713
Ordre de Fontevraud (hommes)	1	76	
TOTAL	788	7 545	

Les ordres supprimés sont en italiques. Les revenus indiqués sont ceux des menses conventuelles. En 1768, la portion congrue des curés était de 500 livres par an, la moyenne par religieux était deux fois et demie plus forte ; elle la dépassait trois fois chez les Mauristes, cinq fois chez les anciens bénédictins, mais n'atteignait guère plus du double chez les Grandmontains et les Chartreux.

CHAPITRE XXII

L'EFFONDREMENT

La fin du XVIIIe siècle et le XIXe siècle ont été pour l'Ordre monastique l'époque de bouleversements immenses qui ont aboli à peu près complètement un passé millénaire. Les destructions furent menées systématiquement par les deux grands pays catholiques, qui reçurent l'un et l'autre la visite de papes, Pie VI, en 1782, à Vienne, et Pie VII, en 1804, à Paris.

Autriche. — D'un catholicisme rigoureux, Marie-Thérèse, impératrice d'Autriche de 1740 à 1780, entendait instaurer dans ses Etats une religion sans faille. En 1756, écoutant les plaintes contre la mauvaise gestion des supérieurs, l'oisiveté des religieux et les scandales de quelques-uns, elle soumit les monastères au contrôle d'une Commission gouvernementale. En 1770, elle interdit de prononcer les vœux solennels avant vingt-quatre ans. En 1771, elle réduisit les biens de mainmorte. Son fils, Joseph II, de 1741 à 1790, accentua cette politique. Il interdit tout rapport avec les supérieurs établis en dehors de l'Autriche. En 1783, il imposa aux Bénédictins et aux cisterciens les *occupations utiles* du ministère pastoral, de l'enseignement ou des services hospitaliers, et supprima tous les monastères contemplatifs.

Au début du XIXe siècle, il ne restait plus en Autriche ni Camaldules ni Chartreux, et seulement une douzaine d'abbayes bénédictines entre autres Melk et Saint-Pierre de Salzbourg.

Les abbayes d'Europe centrale, qui s'étaient reconstituées après le recul des Turcs au XVIIe siècle, furent presque toutes anéanties : en 1785, les abbayes de Bohême sauf deux, en 1786, Pannonhalma en Hongrie. Les abbayes de Pologne, groupées en 1709 dans la Congrégation de Sainte-Croix, furent toutes fermées après le dernier partage, Tyniec dès 1815, les dernières en Lithuanie en 1864.

France. — Les députés aux Etats généraux de 1789, clergé, noblesse et tiers État, désiraient tous une réforme des institutions ecclésiastiques ; les difficultés financières et l'enthousiasme des Constituants entraînèrent un bouleversement complet. L'abandon des privilèges dans la nuit du 4 août n'entraîna pour le clergé aucune compensation, parce que ses biens n'étaient pas des propriétés personnelles. Le 2 novembre, la Constituante votait le décret qui mettait les biens d'Eglise à la disposition de la Nation, à charge de pourvoir d'une manière convenable aux frais du culte, à l'entretien des ministres et au soulagement des pauvres.

Un décret du 28 octobre 1789 avait interdit l'émission de vœux. Le 13 février 1790, une loi supprima les vœux et en conséquence les Ordres et Congrégations. Les religieux pouvaient partir avec une pension, plus forte pour ceux des « Ordres rentés » que pour les mendiants et les convers, ou se rendre dans une « maison de réunion ».

Quelques moines avaient accueilli avec satisfaction l'autorisation de quitter leur monastère, ceux qui déclarèrent vouloir rester furent expulsés quelques mois plus tard. Vingt moines de Saint-Germain-des-Prés se rendirent à la « maison de réunion » fixée à l'abbaye de Saint-Denis. Mais le décret du 4 août 1792 ordonna la fermeture de toutes ces maisons pour le 1er octobre. Les moines de Sauxillanges constituèrent un syndicat qui racheta le monastère ; la vente fut annulée par le représentant du peuple.

Ne pouvant plus mener la vie commune, certains moines acceptèrent un ministère sacerdotal, soit clandestin avec le clergé réfractaire, soit dans les rangs du clergé constitutionnel. D'autres trouvèrent des situations dans l'enseignement, les bibliothèques ou l'administration. Plusieurs s'exilèrent. Quelques-uns furent mis à mort, entre autres Dom Ambroise Chevreux, supérieur général de la Congrégation de Saint-Maur, massacré aux Carmes à Paris en septembre 1792; et Dom Jean-Baptiste Courtin de Neufbourg, supérieur de la Stricte Observance de Cluny, guillotiné à Paris, le 27 mars 1794.

Les inventaires prescrits aux municipalités furent effectués dans le calme. Les bâtiments situés dans les villes furent attribués aux nouvelles administrations, qui s'y installèrent souvent avant le départ des moines, les forêts administrées depuis longtemps par les agents du roi passèrent à l'Etat, les domaines et les bâtiments perdus dans la campagne furent aliénés, les églises plus belles et plus vastes que les églises paroissiales furent presque toujours revendiquées par les curés constitutionnels (ce qui les sauva ; ce ne fut malheureusement pas le cas à Cluny ou à Jumièges). Les trésors furent envoyés à la monnaie et détruits, les archives, déposées aux préfectures, et les bibliothèques, aux chef-lieux de district. Le reste fut vendu aux enchères.

Les moines ont été accusés de relâchement, de jansénisme, de sympathie pour les idées philosophiques des Lumières et la franc-maçonnerie. Il y eut certes des erreurs et des défaillances, mais il est certain encore que nul ne sut proposer les évolutions nécessaires et qu'on n'a pas pu rétrospectivement définir ce qu'il aurait fallu faire. Les regrets sur les destructions de monuments vénérables ou d'institutions glorieuses ne modifient rien : les hommes ont été emportés par la tempête.

Europe. — Dans toute l'Europe la fermeture des monastères fut commencée par les Autrichiens et achevée par les Français.

Aux Pays-Bas, la résistance fut telle que l'empereur Léopold II (1790-1792) dispensa de la législation autrichienne. Les Pays-Bas passèrent sous la domination française. Le 1er septembre 1796, un décret y supprimait les Ordres religieux, et, dès l'année suivante, tous les monastères furent fermés, les moines dispersés, certains déportés.

La France annexa la rive gauche du Rhin. Le traité de Lunéville (9 février 1801) autorisa les princes dépossédés à prendre des compensations. Ils s'emparèrent des abbayes qui disparurent à peu près toutes entre 1803 et 1807. Les efforts désespérés de quelques-unes ne purent que retarder les fermetures qui eurent lieu pour Tegernsee en 1810, pour Saint-Emmeran de Ratisbonne en 1812 et pour Ottobeuren en 1834.

En 1794, les armées françaises pénétrèrent en Suisse et supprimèrent les monastères. La Communauté d'Einsiedeln chassée en 1798 se reconstitua dès 1801. Engelberg et Disentis survécurent à la tourmente.

L'Italie subit fortement l'influence autrichienne. En 1786, fut réuni à Pistoie en Toscane un synode qui édicta une série d'articles sur l'état religieux. Plusieurs ont été adoptés ensuite par des théoriciens de tendances diverses, sinon opposées : unification des Ordres religieux, limitation des maisons qui doivent être placées dans des solitudes, priorité au travail manuel, pas de distinction entre moines de chœur et convers, petit nombre de moines ordonnés prêtres, vœux annuels, soumission à la juridiction de l'évêque.

Le duc de Toscane, Léopold, frère de l'empereur Joseph II, se heurta aux évêques et aux populations quand il voulut les appliquer. En 1807, les Français supprimèrent toutes les abbayes de Toscane. En cette même année, Joseph Bonaparte, roi de Naples, ferma tous les couvents du royaume, à l'exception du Mont-Cassin, de Cava et de Montevergine, désignés comme dépôts d'archives. Les mêmes mesures furent appliquées en 1809 dans les Etats de l'Eglise et en 1811 dans le reste de l'Italie.

En 1809, Joseph Bonaparte, roi d'Espagne, décréta la suppression de tous les monastères et la saisie de leurs biens. La résistance aux occupants français entraîna de graves dommages, par exemple à Montserrat en 1810. Rétabli sur son trône, le roi Ferdinand VII rendit leurs biens aux monastères en 1814. Mais dès 1820, les Cortès décrétèrent la suppression des couvents. La loi fut renouvelée et aggravée en 1835, les moines furent dispersés.

Des mesures analogues avaient été appliquées au Portugal en 1834.

Les moniales. — Les mesures prises à la fin du XVIIIe siècle furent appliquées aux moniales comme aux moines. En Autriche, Joseph II supprima en 1782 toutes les communautés de femmes ne se vouant ni à l'enseignement ni aux soins des malades. En France, les vœux de religion furent abolis en 1790. En Allemagne à partir de 1803, en Espagne en 1820, puis en 1835 et en 1868, en Italie en 1866 et en 1870, les gouvernements inquiétèrent fort les moniales. Ils décidèrent leur suppression totale ; elle ne fut jamais réalisée complètement, partout des moniales restèrent groupées, parfois dans leurs propres bâtiments.

CHAPITRE XXIII

LA RECONSTRUCTION

Au début du XIXe siècle, l'Ordre monastique paraissait voué à une extinction totale. La plupart des monastères avaient été fermés et leurs biens confisqués. L'étroite et longue union des abbayes avec les gouvernements avait créé des habitudes et des modes de pensée dont la disparition laissait désemparés les moines dispersés.

Peu de moines de l'Ancien Régime réussirent à reconstituer des communautés. Qu'ils aient mené la vie monastique avant la Révolution ou qu'ils aient voulu la restaurer en souvenir de sa glorieuse histoire, les promoteurs de la renaissance monastique, laïques ou plus souvent clercs, désiraient renouer avec le glorieux passé de l'Ordre, évoquant à la fois les Règles anciennes, les abbayes du Moyen Age et les Congrégations de l'Ancien Régime, avec leurs activités religieuses, culturelles, savantes et politiques. Ils espéraient que les nouveaux moines pourraient s'adonner au ministère sacerdotal, à l'enseignement, aux recherches d'érudition, aux études scientifiques, à l'amélioration de l'agriculture et de l'artisanat... Un petit nombre de moines, sans ressources et sans tradition, ne pouvaient en une génération renouveler ce qui avait été accumulé durant plus d'un millénaire. Les sociétés avaient évolué, les moines n'avaient plus à suppléer aux déficiences de l'Etat. Si certains monastères réussirent dans l'enseignement, ils ne purent s'occuper que d'une portion minime d'élèves, même en s'adjoignant des professeurs laïques. La réussite d'entreprises agricoles ou artisanales, par exemple la fabrication des fromages, entraînait à l'ère industrielle un tel développement qu'il devint nécessaire d'embaucher de nombreux ouvriers. Le ministère sacerdotal devenait tellement lourd qu'il rendait impossible la vie conventuelle.

L'échec relatif de toutes ces expériences hâta une heureuse évolution vers une observance monastique équilibrée, attribuant à la prière et spécialement à l'office divin la première place , à la *lectio divina,* son caractère de prière contemplative, au travail, ses exigences d'effort et d'application aboutissant à une efficacité raisonnable. Les moines voulurent renouer avec le passé. Ils recoururent à la fois au texte de la Règle et aux usages d'Ancien Régime, interprétant les deux selon le romantisme alors à la mode, tout en se pliant aux exigences de l'époque. Cela donna une synthèse qui était nouvelle malgré ses emprunts au passé. Elle orienta les évolutions.

Les moines ont toujours assuré l'office divin au chœur, et cette célébration leur a valu une réputation de liturgistes, renforcée par leurs travaux d'érudition sur l'histoire de la liturgie, et leurs activités ou leurs publications pour expliquer la liturgie au peuple chrétien.

Fidèles aux prescriptions de la Règle de saint Benoît, les moines ont abondamment pratiqué la lecture des Pères de l'Eglise. Sans en avoir le monopole, les moines ont contribué efficacement à l'élaboration des éditions critiques et des traductions qui ont mis à la portée de tous les richesses de la tradition chrétienne.

CHAPITRE XXIV

L'ORDRE BÉNÉDICTIN ACTUEL

Depuis le XIVe siècle, les abbayes se regroupaient, alors que les Ordres se divisaient ; ce double mouvement aboutit à la formation de Congrégations nationales. La reconstruction du XIXe siècle progressa suivant ce schéma d'autant plus accentué que Cluny, Cîteaux et les autres abbayes chefs d'ordre avaient été fermées. Pour suivre à peu près l'ordre chronologique des reconstructions, les pays seront présentés dans l'ordre suivant : Italie, Angleterre, Europe centrale, Suisse, France, Pays-Bas, Allemagne, Belgique, Amérique du Nord, Amérique du Sud, Asie et Afrique. Les nombres des monastères et des personnes en 1990 sont indiqués dans les tableaux à la fin de ce livre.

Italie. — Après l'occupation française ne restaient en Italie que quelques abbayes conservées comme dépôts d'archives du royaume. Dès son retour dans ses Etats, le pape Pie VII, lui-même bénédictin, rouvrit quelques monastères en essayant de les réunir en deux congrégations, l'une pour les moines noirs, l'autre pour les moines blancs. Ce projet chimérique fut abandonné dès 1835.

Réduite et obligée de s'adapter à de nouvelles conditions politiques, la Congrégation du Mont-Cassin adapta ses Constitutions lors du Chapitre général de 1853. En 1855, le roi Victor-Emmanuel II décréta la suppression de toutes les congrégations religieuses, qui ne s'occupaient ni du soin des malades, ni de l'enseignement. Avec l'unification, cette loi fut appliquée dans toute l'Italie, mais avec une tolérance qui permit à des monastères célèbres par leur histoire, leurs archives et leurs monuments de subsister.

L'observance de la Congrégation cassinienne parut trop large à

Dom Pierre-François Casaretto. Né en 1810, profès en 1828, il tentait de relancer une vie monastique plus stricte à Gênes, quand le pape Pie IX le nomma abbé de Subiaco en 1850. Dès l'année suivante, il obtenait de former dans la Congrégation cassinienne une province autonome qui s'aggrégea des monastères en plusieurs pays. Ces premiers succès donnèrent à ses abbés et à la Curie romaine l'espoir de remodeler entièrement l'Ordre bénédictin sur le modèle des Ordres centralisés. Pour affirmer son programme, la nouvelle Congrégation prit le titre de *Congrégation cassinienne de la Primitive Observance*. Ses constitutions furent approuvées en 1872. Dom Casaretto démissionna en 1875 et mourut en 1878. Ses idées centralisatrices n'avaient pas été acceptées par les autres Congrégations bénédictines et n'étaient guère appliquées à l'intérieur de sa Congrégation. Dès 1880, la stabilité dans le monastère et l'élection de l'abbé par les moines furent rétablies. Actuellement la Congrégation dite de Subiaco se distingue par sa division en neuf provinces ayant chacune ses usages propres.

Une abbaye est hors province, en Australie.

Angleterre. — La Congrégation anglaise se glorifie d'exister depuis le Moyen Age. Elle ne fut pas abolie par les persécutions qui du XVIe au XVIIIe siècle obligèrent à établir les monastères et les noviciats sur le continent, les moines rentrant clandestinement. Quand la Révolution ferma les monastères, les Bénédictins anglais purent rentrer dans leur pays : Douai à Downside, Dieulouard à Ampleforth, Lambspring à Fort Augustus. De plus la Congrégation anglaise incorpora plusieurs monastères établis récemment en Angleterre. En 1859, un noviciat unique pour la Congrégation fut établi à Belmont près d'Hereford. Lors du remaniement des Constitutions en 1890, les monastères recouvrèrent leur autonomie, avec des abbés élus pour douze ans. De son histoire mouvementée, la Congrégation anglaise garde son orientation propre ; dans nul pays, les Bénédictins ne sont aussi influents et aussi nombreux par rapport à la population catholique.

Autriche. — Plus que dans d'autres pays, les monastères témoignent en Autriche de leur histoire longue et complexe. En dépit de quelques interruptions, tous remontent au moins au XIIe siècle, parfois au Xe siècle ou même au VIIe. Ils ont gardé des manuscrits et des archives. Les bâtiments témoignent de la splendeur de l'art baroque. Les moines administrent des collèges et des paroisses suivant les prescriptions de Joseph II. En 1889, les abbayes autrichiennes se regroupèrent en deux Congrégations : l'Immaculée-Conception et

Saint-Joseph. Elles s'unirent en une unique Congrégation autrichienne en 1930.

Europe centrale. — Les deux guerres mondiales, les modifications des frontières et les dictatures éprouvèrent gravement les monastères d'Europe centrale sans abolir toutes traces du passé.

En Hongrie, l'abbaye de Pannonhalma, rétablie en 1802, possédait le seul noviciat et la seule maison d'études de la Congrégation, qui comprenait quatre abbayes sujettes et sept gymnases. En 1948, les gymnases furent confisqués, et, en 1950, les maisons fermées, sauf les abbayes de Pannonhalma et de Györ.

En 1945, fut créée une Congrégation slave avec les monastères des pays détachés de l'Empire austro-hongrois : Brevnov, Emmaüs et Rajhrad en Yougoslavie et Lublin en Pologne. Après la seconde guerre mondiale, quelques moines d'Emmaüs se réfugièrent à Norcia en Italie. Les informations étant rares, on estime en 1985 le nombre des moines à 23. L'abbaye tchèque de Braunau était restée indépendante ; en 1946, ses moines se réfugièrent à Rohr en Bavière.

Suisse. — La République helvétique proclamée en 1798 n'avait pas réalisé la suppression des monastères, quand en 1803 l'acte de médiation assura une tranquillité relative, que les cantons pouvaient remettre en question. L'abbaye de Saint-Gall fut sécularisée dès 1805. D'autres subirent le même sort au cours du XIXe siècle, de sorte qu'il ne subsista que les abbayes d'Einsiedeln, de Disentis et d'Engelberg en Suisse, de Muri-Gries et de Marienberg dans le Tyrol du Sud. Récemment la Congrégation a pu ouvrir quatre monastères en Suisse et un prieuré au Cameroun. Tous ces monastères sont en Suisse allemande. Le Bouveret, seul monastère de Suisse romande, est indépendant.

France. — Le 11 juillet 1833, l'abbé Prosper Guéranger, né en 1805, s'installa avec quelques compagnons dans le prieuré de Solesmes, au diocèse du Mans. En 1837, il fit profession au monastère de Saint-Paul-hors-les-Murs à Rome, ce qui le fit entrer officiellement dans l'Ordre bénédictin. Le 1er septembre 1837, le pape Grégoire XVI érigea Solesmes en abbaye, chef de la « Congrégation de France de l'Ordre de saint Benoît, héritière de Cluny, de Saint-Vanne et Saint-Maur ». Le noviciat fut unique jusqu'en 1882. Dom Guéranger aurait voulu établir le centre à Paris. Il échoua. Il fonda Ligugé en 1852, et Marseille en 1865. Il mourut en 1875. Les expulsions de 1880 et de 1901 n'entravèrent pas le développement de la Congrégation, qui devint internationale avec des monastères en Espagne, en Angleterre, au Luxembourg, aux Pays-Bas et dans les deux Amériques. L'autonomie des abbayes s'affirma progressivement. Elles élisent leur abbé à vie ; parce qu'elles sont toutes issues de Solesmes, directement ou indirectement, l'abbé de Solesmes est président et le nom de Congrégation de Solesmes s'est imposé.

En 1850, l'abbé Jean-Baptiste Muard (1809-1854) fonda le monastère de la Pierre-Qui-Vire, qui, en 1859, fut rattaché à la Congrégation de Subiaco, où fut constituée une province de France.

Peu après la Révolution, la Congrégation des Bénédictines de Notre-Dame-du-Calvaire rouvrit 7 monastères. Elle en compte 5 actuellement.

La Congrégation de Notre-Dame du Saint-Sacrement devint la plus importante Congrégation de moniales bénédictines ; ces monastères autonomes sont groupés actuellement en 7 fédérations nationales avec 47 monastères.

Louise Adelaïde de Bourbon avait fait profession dans cette Congrégation à Varsovie en 1802. En 1816, elle s'installa dans les bâtiments du Temple à Paris et y fonda un monastère qui fut transféré rue Monsieur en 1850 et à Limon en 1951. Il eut une grande influence. Il fut érigé en abbaye en 1932.

Le monastère de Pradines fut reconstitué sous la Règle de saint Benoît en 1814 par Thérèse de Bavoz (1768-1838), qui avait fait profession à Saint-Pierre de Lyon en 1786. Pradines essaima et plusieurs abbayes autonomes suivent ses Constitutions.

Dom Guéranger établit en 1868 des moniales auprès de son abbaye de Solesmes. Il rédigea des Constitutions que 8 monastères en France et à l'étranger adoptèrent.

Dom Romain Banquet fonda l'abbaye de Dourgne. Suivant cet exemple, 13 monastères sont associés à la Congrégation de Subiaco.

Pays-Bas. — Réfugiés aux Pays-Bas, les moines français de l'abbaye de Wisques se fixèrent à Oosterhout. Ce monastère, peuplé de moines hollandais, fut, après le départ des Français, érigé en abbaye en 1928. Elle fonda deux abbayes avec lesquelles elle forma, en 1969, la Congrégation néerlandaise.

Allemagne. — Le roi Louis de Bavière (1825-1848) réussit, malgré l'opposition de ses ministres à rouvrir l'abbaye de Metten dès 1830, puis successivement 12 autres monastères. Les moines s'occupent de ministère pastoral et d'enseignement.

Après un séjour à Saint-Paul-hors-les-Murs et à Solesmes, les frères Maur et Placide Wolter s'installèrent en 1863 dans l'ancienne abbaye canoniale de Beuron. Le titre abbatial fut rétabli en 1868. Pie IX érigea la nouvelle Congrégation en 1873. Contraints à l'exil par le Kulturkampf, les moines fondèrent des monastères dans divers pays.

En 1884, un moine de Beuron d'origine suisse, Dom André

Amrhein entreprit de préparer des moines aux missions extérieures. Le monastère de Saint-Ottilien, commencé en 1887, fut érigé en abbaye en 1902. Progressivement l'esprit de la Règle de saint Benoît s'imposa et la nouvelle Congrégation fut affiliée à la Confédération bénédictine en 1904. Plus encore que les autres Congrégations allemandes, elle recruta de nombreux frères convers. En 1985, elle était seule dans la Confédération à compter plus de moines non prêtres (609) que de moines prêtres (400). Ses 14 abbayes et ses 19 collèges sont implantés dans les pays les plus divers : Allemagne, Angleterre, Autriche et Suisse, Afrique du Sud, Kenya et Tanzanie, Etats-Unis, Colombie, Venezuela et Corée.

Belgique. — La restauration bénédictine en Belgique commença par la fondation de Dendermonde en 1837. L'abbaye d'Afflighem fut rétablie en 1870. Steenbrugge fut érigé en abbaye en 1896. Ces abbayes formèrent la province de Flandre de la Congrégation de Subiaco.

L'abbaye de Beuron fonda en Belgique le monastère de Maredsous. En 1920, les trois monastères de Maredsous (abbaye depuis 1878), le Mont-César à Louvain (1899) et Saint-André, près de Bruges (1901), se réunirent pour former la Congrégation belge de l'Annonciation. Elle grandit rapidement et créa ou affilia des monastères en Irlande, en Pologne, au Portugal, au Zaïre, en Inde, à l'île Maurice et en Amérique.

Amérique du Nord. — Louis Ier de Bavière s'intéressa au sort de ses sujets émigrés aux Etats-Unis d'Amérique. Avec son appui, Dom Boniface Wimmer fonda en 1846 le monastère de Saint-Vincent de Latrobe, en Pennsylvanie, érigé en abbaye en 1855. La Fédération américano-cassinienne est le groupement le plus nombreux de l'Ordre bénédictin et possède les deux abbayes les plus peuplées, Collegeville avec 265 moines et Latrobe avec 229. Les abbayes sont toutes aux Etats-Unis, sauf deux, l'une au Canada, l'autre au Mexique. Il y a des prieurés aux Etats-Unis et en dehors, aux îles Bahamas, à Porto-Rico, au Brésil, en Colombie, au Japon et à Taïwan.

Le nom d'américano-cassinienne a été pris par cette fédération en hommage à l'abbaye où vécut saint-Benoît, sans qu'il y ait eu le moindre lien. La Fédération helvético-américaine doit son origine à des moines venus de Suisse : d'Einsiedeln à Saint-Meimard dans l'Indiana en 1854, d'Engelberg à Conception dans le Missouri en 1873. Au début, les moines se consacrèrent plus spécialement aux missions auprès des indiens. Cette Fédération se compose de 15 abbayes et de 6 prieurés aux Etats-Unis, d'une abbaye au Canada, de prieurés au Mexique, au Guatemala et au Pérou.

Amérique du Sud. — En 1581 fut fondé le monastère Saint-Sébastien de Bahia qui devint en 1584 la première abbaye d'Amérique. Jusqu'à l'indépendance du Brésil ses monastères appartinrent à la Congrégation portugaise. En 1827, le pape Léon XII les en détacha pour constituer la Congrégation brésilienne. Elle eut beaucoup à souffrir de l'hostilité du gouvernement impérial : en 1894, il ne restait plus que dix moines âgés. Avec l'aide de bénédictins belges, la Congrégation fut restaurée. Il y a au Brésil six abbayes, remontant au XVIe siècle, des monastères en Argentine et au Chili. La distance rendant les relations difficiles avec les Congrégations européennes, le pape Paul VI érigea en 1976 la Congrégation Cono-Sur : 5 abbayes et 4 prieurés.

Plusieurs monastères ont été fondés en Afrique, mais ils n'ont pas encore acquis leur autonomie et bénéficient de l'aide des abbayes européennes qui les ont établis. Keur Moussa au Sénégal a été érigé en abbaye en 1984.

La Confédération bénédictine. — En 1880, tous les abbés de l'Ordre se réunirent au Mont-Cassin pour le quatorzième centenaire de la naissance de saint Benoît. Ils comprirent qu'il leur était utile de se connaître pour mettre leurs expériences en commun, se présenter groupés devant les gouvernements et devant la Curie romaine. Le pape Léon XIII souhaitait une organisation centralisée. Dès 1887, il créa à Rome, sur l'Aventin, un collège international sous le patronage de saint Anselme. La Congrégation bénédictine fut constituée le 12 juillet 1893. L'abbé Primat, élu par le Congrès des abbés qui se réunit en principe tous les six ans, porte le titre d'abbé de Saint-Anselme. Il préside le Congrès et prend en charge les affaires, peu nombreuses, concernant l'Ordre entier. Il n'intervient guère dans le gouvernement des Congrégations et des monastères, sinon pour des missions, qui lui sont confiées par le Saint-Siège.

Sachant que ce rapprochement n'écraserait pas leur personnalité, d'anciens Ordres et Congrégations formés en des temps où n'existait aucun lien entre les monastères se sont joints à la Confédération. Les Olivétains y entrèrent en 1960. Ils furent suivis en 1966, par les Vallombrosains et les ermites camaldules et en 1973 par les Silvestrins.

Cinq monastères sont directement sous la juridiction de l'abbé Primat, ce qui permet des orientations spéciales, dues aux circonstances ou à une activité, comme à Chevetogne (Belgique), important centre œcuménique.

Les moniales. — Actuellement, la répartition des moniales bénédictines dans le monde est assez différente de celle des moines bénédictins. L'Italie possède le tiers des monastères, les pays latins en ont près des deux tiers, l'Europe cinq sixièmes. Certains monastères sont autonomes, plusieurs fédérations ont été formées récemment sous l'impulsion du Saint-Siège, qui a constaté que les unions apportent une aide efficace devant des difficultés insurmontables dans l'isolement. Nombre de monastères de moniales sont affiliés à la Confédération bénédictine.

Sœurs bénédictines — Le Concile de Trente exigea pour les moniales la clôture devenue de plus en plus stricte à la demande des réformateurs et des canonistes. Or la Règle de saint Benoît peut être suivie par des religieuses ayant des activités inconciliables avec cette clôture. Elle donne un esprit, qui informe les activités pastorales, éducatives ou hospitalières des Sœurs bénédictines, accentue leur séparation du monde et leur prière liturgique. L'assouplissement de la clôture des moniales a atténué les différences entre moniales et sœurs.

Les Oblates de sainte Françoise Romaine de Tor de Specchi à Rome furent fondées en 1433 et les Suore Stabilite nella Carità, en 1589, à Florence ; à partir de 1851, de telles Congrégations se multiplièrent : 8 dans la seconde moitié du XIXe siècle, 24 au XXe siècle, auxquelles s'ajoutent 4 monastères isolés. Les effectifs sont divers, d'une vingtaine à près de deux mille. En 1985, les Sœurs bénédictines étaient 11 564, la moitié aux Etats-Unis d'Amérique, les autres répandues dans le monde entier. La plupart sont affiliées à la Confédération bénédictine.

Le monachisme dans le monde. — Longtemps le monachisme se développa en Europe.

Au XIXe siècle, il s'établit en Amérique du Nord, au XXe siècle les fondations dans les jeunes chrétientés se multiplient.

En 1990, on compte 214 monastères :

	Moines OSB	*Moniales OSB*	*Cisterciens*	*Cisterciennes*
Amérique du Sud	48	25	11	11
Afrique	28	15	16	7
Asie	29	8	9	
Océanie	2	3	4	

CHAPITRE XXV

L'ORDRE CISTERCIEN ACTUEL

Lors de la Révolution, les 228 abbayes cisterciennes de France, 34 régulières et 194 en commende, furent supprimées. En Allemagne, le décret de 1803 entraîna leur disparition. Les 65 monastères d'Espagne furent éteints à partir de 1835, ceux de Portugal un peu plus tôt, ceux de Suisse en 1848. Les derniers cisterciens de Pologne furent déportés en Sibérie en 1834.

Situés dans des villes ou dans des lieux faciles d'accès, les anciens monastères bénédictins avaient été immédiatement utilisés par les nouvelles institutions, au contraire les abbayes cisterciennes isolées étaient restées vacantes. Bénédictins et Cisterciens s'y installèrent. Par ces occupations comme par le charme des constructions médiévales, les abbayes cisterciennes eurent une grande influence sur le monachisme des XIXe et XXe siècles.

Dès 1814, le pape Pie VII rétablit dans ses Etats l'abbaye de Casamari. Elle essaima et se trouva à la tête d'une Congrégation. La statistique de 1988, dont les chiffres sont donnés pour toutes les Congrégations cisterciennes, lui attribuait 15 monastères, avec 217 moines en Italie et en Ethiopie, où le prieuré d'Annara et ses trois dépendances ont 96 moines.

La Congrégation de Saint-Bernard en Italie, qui remontait à 1497, fut rétablie en 1817 avec les deux monastères romains de Sainte-Croix de Jérusalem et de Saint-Bernard aux Thermes. (72 moines, 8 monastères).

Dans l'empire des Habsbourg, douze abbayes avaient survécu. En 1859, le gouvernement imposa la constitution d'une Congrégation autrichienne. Cette union imposée n'était pas solide, elle éclata après 1918 en Congrégation autrichienne (6 monastères, 221 moines), Congrégation de Zirc en Hongrie avec les abbayes de Zirc (54 moines) et de Dallas aux Etats-Unis (28 moines), Congrégation de Marie-Reine en Pologne (4 monastères, 144 moines) et Congrégation de Bohême, supprimée en 1950.

Expulsés de Wattingen en Suisse, des moines se réfugièrent à Mehrerau en Autriche et y fondèrent une Congrégation qui s'est étendue en Allemagne et en Suisse (7 abbayes, 169 moines).

En 1835, des Cisterciens belges, profès d'anciens monastères, réussirent à instaurer un monastère à Bornhem et à rouvrir l'abbaye du Val-Dieu. La Congrégation de Marie-Médiatrice compte 3 monastères avec 58 moines.

En 1854, un prêtre, Lucas-Léon Barnouin, restaura la belle abbaye de Sénanque (Vaucluse), fondant ainsi la Congrégation de l'Immaculée-Conception (4 abbayes, 74 moines, le centre est à Lérins).

La vieille abbaye de Poblet en Espagne fut relevée en 1940. Depuis 1950, elle est à la tête d'une Congrégation (2 monastères, 43 moines).

Les monastères du Brésil (3, 63 moines) forment une Congrégation depuis 1961, ceux du Viêtnam (6, 150 moines) depuis 1964.

De la Trappe sortit un puissant rameau, qui groupe plus des deux tiers des moines cisterciens. Réformée par l'abbé de Rancé, elle était florissante au moment de la Révolution. Clairvoyant, le maître des novices, Dom Augustin de Lestrange, eut l'idée de transplanter la communauté à l'étranger. En 1791, il l'installa dans la chartreuse abandonnée de la Valsainte, en Suisse. En 1798, les armées de la République étant menaçantes, il se réfugia en Russie. En 1802, il revint à la Valsainte. Fidèle au pape, Dom de Lestrange eut des difficultés avec Napoléon. En 1816, l'abbaye de la Trappe fut réoccupée. Elle essaima. L'observance rigoureuse de l'abbé de Rancé fut renforcée par Dom de Lestrange, ce qui n'alla pas sans heurt et provoqua l'éclatement du groupe en trois congrégations : la Trappe et Sept-Fons en France, Westmalle en Belgique.

Les Cisterciens avaient un abbé général, mais les Trappistes, qui lui étaient soumis en principe, ne participaient pas à son élection. En 1891, l'élection d'un allemand provoqua une réaction patriotique chez les abbés français. Dès l'année suivante, les abbés des trois Congrégations issues de la Trappe se réunirent à Rome. Ils consentirent à fusionner dans un Ordre des Cisterciens réformés, entièrement indépendant de l'abbé général du Saint Ordre de Cîteaux, fédération de toutes les autres Congrégations cisterciennes. Le chef de cette fédération porte le titre d'abbé général de Cîteaux, mais, en 1898, les Cisterciens réformés rachetèrent l'abbaye de Cîteaux et leur général prit lui aussi le titre d'abbé de Cîteaux. Les deux abbés généraux résident à Rome ; l'abbaye de Cîteaux est gouvernée par un abbé coadjuteur.

Dans une certaine mesure, la stricte observance rappelle la tendance de la filiation de Clairvaux au XIIe siècle et de la Stricte Observance au XVIIe siècle, tandis que le Saint Ordre de Cîteaux rappelle plutôt la filiation de Morimond et la Commune Observance, mais il ne faut pas exagérer une continuité qui ne tiendrait pas compte des filiations de Cîteaux, de la Ferté et de Pontigny, et qui méconnaîtrait que l'influence de saint Bernard a largement dépassé la filiation de Clairvaux.

Moniales cisterciennes. — Les monastères de moniales suivant les Coutumes de Cîteaux étaient à la veille de la Révolution soumis à des régimes fort divers, quelques-uns reconnus par le Chapitre général de Cîteaux, certains groupés en Congrégation et d'autres autonomes. En ruinant la plupart des monastères d'hommes, la Révolution renversa les proportions : pour la première fois les moniales se trouvèrent plus nombreuses que les moines.

Les moniales rattachées à la Stricte Observance pratiquent essentiellement la vie contemplative, les autres ont des orphelinats ou des activités agricoles et artisanales. Il y a actuellement 90 monastères de moniales cisterciennes, 13 seulement dépendent exclusivement du Chapitre général. La juridiction des évêques n'interdit pas tout rapport avec les moines cisterciens, qui peuvent être modifiés : en 1955, passèrent du Saint Ordre de Cîteaux à la Stricte Observance les 25 monastères de l'Observance de saint Bernard en Espagne. Les statuts de cette Congrégation avaient été approuvés en 1607. Le nom de Bernardines indiquait une attache à saint Bernard plus qu'au Cîteaux primitif.

Les Bernardines d'Esqueremes ont eu pour fondatrices trois cisterciennes, qui se regroupèrent en un monastère érigé canoniquement en 1827 et reconnu comme authentiquement cistercien en 1955.

CHAPITRE XXVI

HORS LA RÈGLE DE SAINT BENOÎT

Trois ordres monastiques de rite latin ne sont pas soumis à la Règle de saint Benoît : les Chartreux, les moines de saint Paul, premier ermite.en Pologne, fondés en 1215, approuvés en 1308 et de nouveau en 1930, et les Hiéronymites d'Espagne, approuvés en 1373.

Ordre des Chartreux. — Le 15 octobre 1792, les Chartreux furent obligés de quitter leur monastère de la Grande-Chartreuse. Toutes les chartreuses de France et la plupart de celles d'Europe furent fermées. Des Chartreux, profès de plusieurs maisons, reprirent possession de la Grande-Chartreuse le 8 juillet 1816.

En 1901, il y avait 11 chartreuses en France. Une demande d'autorisation fut déposée auprès du gouvernement français pour la Grande-Chartreuse seule. A cause de la fameuse liqueur, l'Ordre cartusien fut classé, tout seul, dans la catégorie « Congrégation commerçante ». L'autorisation fut refusée le 26 mars 1903 et les chartreux expulsés le 29 avril 1903. Ils se réfugièrent à l'ancienne chartreuse de Farneta en Italie. Devant la menace de guerre entre l'Italie et la France, les chartreux quittèrent l'Italie et réoccupèrent la Grande-Chartreuse le 21 juin 1940.

Moniales chartreuses. — L'empereur Joseph II, puis la Révolution française dispersèrent toutes les moniales chartreuses. En 1813, quelques-unes se regroupèrent à Notre-Dame-de-l'Osier, d'où elles se transportèrent en 1822 à Beauregard près de Voiron (Isère), qu'elles quitteront en 1978 pour Reillanne (Alpes de Haute-Provence) où les moniales jouissent comme les chartreux de petites maisons individuelles.

CONCLUSION

S'étendant sur près de deux millénaires et dans tous les pays qui ont reçu l'Evangile, l'histoire des Ordres monastiques apparaît d'une complexité infinie. Les moines ont souffert de leurs fautes, plus encore peut-être de leurs réussites, qui ont attiré les convoitises ou l'hostilité des hommes. L'attachement à la tradition, concrétisé dans l'amour de la Règle, n'a nulle part étouffé les initiatives cherchant à remédier à la faiblesse humaine en proposant des formules inédites ou renouvelées, adaptées aux temps et aux sociétés.

L'évocation des anciens moines et le souvenir de réalisations admirables peuvent être mélancoliques, les résurrections inattendues sont des gages d'espérance.

Dans sa conclusion, la Règle de saint Benoît interpelle les bonnes volontés : « Qui que tu sois, qui te hâtes vers la patrie céleste, suis avec l'aide du Christ cette toute petite Règle, écrite pour les débutants. Avec la protection de Dieu, tu parviendras aux plus hautes cîmes de la doctrine et des vertus. »

MOINES DE L'EGLISE LATINE (1990)

Ordre de saint Benoît - Confédération

Congrégations	*Abbayes Prieurés auto-nomes*	*Prieurés dépen-dances*	*Total des monas-tères*	*Moines*
Cassinienne	10	0	10	163
Anglaise	11	1	12	442
Hongroise	2	1	3	146
Suisse	7	1	8	331
Autrichienne	12	0	12	378
Bavaroise	11	0	11	334
Brésilienne	6	1	7	176
Solesmes	17	3	20	763
Américo-cassinienne	21	10	39	1 322
Subiaco	49	13	62	1 315
Beuron	10	0	10	377
Helvéto-américaine	15	6	21	770
Sainte-Odile	14	3	17	1 097
Annonciation (belge)	14	13	27	529
Slave	3	2	5	31
Mont-Olivet	25	2	27	249
Vallombreuse	4	4	8	54
Camaldule	4	6	10	107
Néerlandaise	3	0	3	87
Silvestrine	4	14	18	187
Cono-Sur (Amér. du Sud)	5	4	9	131
Hors Congrégation	5	2	7	107
	252	86	338	9 096

Ordre cistercien	*Abbayes*	*Moines*
Saint Ordre de Cîteaux (Confédération)	71	1 315
Stricte Observance (Trappistes)	88	2 809
Ordre des Chartreux	***Maisons***	***Moines***
	18	400
Ordre de saint Paul premier ermite	24	353
Ordre des Hiéronymites	2	22

MONIALES DE L'EGLISE LATINE (1990)

Moniales bénédictines

	Monastères	*Religieuses*
Italie	114	2 124
France	41	1 315
Allemagne	24	880
Espagne	29	683
Belgique	18	390
Pologne	12	277
Suisse	8	205
Yougoslavie	8	104
Pays-Bas	7	213
Autriche	2	63
Malte	2	31
Irlande	1	28
Danemark	1	16
Luxembourg	1	15
Suède	1	22
Europe : total	286	6 704
Amérique du Sud	24	436
Amérique du Nord	13	273
Afrique	15	313
Asie	10	156
Océanie	3	41
Total dans le monde	351	7 933

Sœurs bénédictines

Congrégations	*Sœurs*
34	11 564

Ordre cistercien

	Abbayes	*Moniales*
Bernardines	90	2 263
Trappistines	53	1 825

	Maisons	*Moniales*
Moniales chartreuses	5	109
Ordre des Hiéronymites	12	244

BIBLIOGRAPHIE

L'histoire des Ordres monastiques se confond avec l'histoire de l'Eglise, des nations, des provinces ou des villes. Ses sources sont éditées dans les plus célèbres collections. Sa bibliographie propre est immense et dispersée.

Tous les dictionnaires accordent une large place aux moines. Articles nombreux et documentés dans Dizionario degli Istituti di Perfezione, Roma, 1974 sq., 8 vol. (A-S) parus en 1988.

Broekaert (Jean Damascène), Bibliographie de la Règle de saint Benoît, éditions latines et traductions imprimées de 1489 à 1929 : 1 229 numéros, 2 vol., Roma, 1980 (index des Congrégations et des Ordres dont les Constitutions ou autres documents sont joints au texte de la Règle de saint Benoît).

Répertoire des Coutumiers latins édités : Hallinger (Dom Kassius), Corpus Consuetudinum monasticarum, I, Siegburg, 1963, p. LIX-LXXIV.

Répertoire des typika grecs édités : Janin (Raymond), Monachisme byzantin au Moyen Age, dans Revue des Etudes byzantines, 22, 1964, p. 18-21.

Introduction au Recueil historique des archevêchés, évêchés, abbayes et prieurés de France, (Archives de la France monastique, IV), Paris-Ligugé, 1906 : bibliographie abondante sur les Ordres et Congrégations monastiques.

Cottineau (Laurent-Henri), Répertoire topo-bibliographique des abbayes et prieurés, 2 vol., in 4°, Mâcon, 1935, 3 488 col., et supplément, 1970, 361 col.

Seule véritable histoire des moines noirs : Schmitz (Dom Philibert), Histoire de l'Ordre de saint Benoît, 7 vol., Maredsous, 1942-1956 : bibliographie abondante spécialement utile pour les textes législatifs imprimés.

Bibliographie courante : Bulletin d'Histoire bénédictine, paraissant en supplément de la Revue bénédictine à l'Abbaye de Maredsous depuis 1907 : 41 868 livres et articles recensés de 1907 à 1989.

Les Collectanea Cisterciensia, à Scourmont, éditent depuis 1959 un Bulletin de Spiritualité monastique. — Bibliographie de l'Ordre cistercien en cours.

Un seul Ordre monastique possède une bibliographie presque exhaustive : Gruys (Albert), Cartusiana, bibliographie des auteurs et maisons de l'Ordre des Chartreux, Paris 1977-1979, in-4°, 606 p.

TABLE DES MATIÈRES

INTRODUCTION 3
CHAPITRE PREMIER. — **Les premières règles** 5
— II. — **Les débuts du monachisme en Occident** 9
— III. — **La règle de saint Benoît** 14
— IV. — **Le monachisme en Occident : VIe-VIIIe siècles** 17
— V. — **Benoît d'Aniane** 22
— VI. — **Les moniales** 25
— VII. — **Le monachisme en Orient** 30
— VIII. — **Malheurs et Renaissance : IXe et Xe siècles** 34
— IX. — **Cluny** 39
— X. — **Cîteaux** 44
— XI. — **Les ordres érémitiques** 54
— XII. — **Les ordres de moniales en France** .. 60
— XIII. — **Les moines noirs** 63
— XIV. — **Les ordres monastiques en Europe : XIe-XVIIIe siècles** 69
— XV. — **De la pragmatique sanction au Concile de Trente** 80
— XVI. — **Après le Concile de Trente** 83
— XVII. — **Congrégation des saints Vanne et Hydulphe** 89
— XVIII. — **Congrégation de Saint-Maur** 91
— XIX. — **Observances et spiritualité monastiques aux XVIIe et XVIIIe siècles** .. 94
— XX. — **Les moniales en France du XVe au XVIIIe siècle** 100
— XXI. — **Le malaise en France au XVIIIe siècle** 103
— XXII. — **L'effondrement** 106
— XXIII. — **La reconstruction** 111
— XXIV. — **L'ordre bénédictin actuel** 113
— XXV. — **L'ordre cistercien actuel** 120
— XXVI. — **Hors la règle de saint Benoît** 123
CONCLUSION 124
BIBLIOGRAPHIE 127

Imprimé en France
Imprimerie des Presses Universitaires de France
73, avenue Ronsard, 41100 Vendôme
Avril 1993 — N° 39 209